annabrevet
SUJETS et CORRIGÉS 2021

Maths 3e

Emmanuelle Michaud
Professeur certifiée de mathématiques
au collège de Wassigny

Bernard Demeillers
Professeur de mathématiques

Achevé d'imprimer
Par Maury imprimeur à Malesherbes - France
Dépôt légal 06422-5/01 - Août 2020

Maths

Comment utiliser ton Annabrevet 2021 ?

Cela dépend de ton objectif

1. Comprendre le déroulement de **l'épreuve**

- Infos → pages 12 à 14
- Conseils → pages 15 et 16

MON

2. M'entraîner sur un thème du **programme**

■ **Nombres et calculs**
→ sujets **2** à **26**

■ **Organisation et gestion de données, fonctions**
→ sujets **27** à **58**

■ **Grandeurs et mesures**
→ sujets **59** à **67**

■ **Espace et géométrie**
→ sujets **68** à **86**

■ **Algorithmique et programmation**
→ sujets **87** à **98**

3. Maîtriser les **exercices types**

- QCM et vrai/faux → sujets **8**, **11**
- Exercices d'application → sujets **17**, **78**
- Résolutions de problème → sujets **60**, **83**

4. Consolider mes **connaissances**

- Nombres et calculs
  → fiches **1** à **4**
- Statistiques et pourcentages
  → fiches **5** et **6**
- Géométrie → fiches **7** à **11**
- Algorithmique → fiche **12**

OBJECTIF

5. Me mettre dans les **conditions de l'examen** et faire un sujet complet

→ sujet **1**

Connecte-toi sur www.annabac.com

Grâce à cet ouvrage, accède gratuitement à plein de ressources complémentaires en 3ᵉ – podcasts, quiz, vidéos, sujets corrigés –, dans toutes les matières.

Pour profiter de cette offre, rends-toi dans la rubrique « Vous avez acheté un ouvrage Hatier ? »

SOMMAIRE

- **Planifie tes révisions** 10

Infos et conseils sur...
- **L'épreuve de maths du brevet** 11

98 sujets expliqués et corrigés

Coche les sujets sur lesquels tu t'es entraîné.

Sujet complet de France métropolitaine

1 **France métropolitaine, juillet 2019**

EXERCICE 1 • Le trésor	19	❏
EXERCICE 2 • Le décor de la pièce de théâtre	19	❏
EXERCICE 3 • Gestion de données	20	❏
EXERCICE 4 • Dessin sous Scratch	21	❏
EXERCICE 5 • Les transformations du plan	23	❏
EXERCICE 6 • Programme de calcul	23	❏

Exercices classés par thème

NOMBRES ET CALCULS

Utiliser les nombres pour comparer, calculer et résoudre des problèmes

2 Affirmations • Polynésie française, septembre 2018 .... 31 ❏
3 Les affirmations • Amérique du Nord, juin 2019 .... 33 ❏
4 QCM • Asie, juin 2018 .... 35 ❏
5 Le gaspillage alimentaire • Amérique du Nord, juin 2019 .... 37 ❏
6 La collection de BD • Amérique du Sud, novembre 2018 .... 39 ❏
7 Les gaz à effet de serre • Asie, juin 2019 .... 40 ❏
8 QCM très varié • Centres étrangers, juin 2019 .... 42 ❏
9 Vrai ou faux avec justifications • France métropolitaine, série professionnelle, juin 2018 .... 45 ❏

SOMMAIRE

| 10 | Les JO de Rio • Polynésie française, juillet 2019 . . . . 47 ❏
| 11 | Vrai ou faux ? • Centres étrangers, juin 2018 . . . . 49 ❏
| 12 | QCM à 3 questions • Pondichéry, mai 2018. . . . . 52 ❏
| 13 | Abonnements Internet • Amérique du Nord, juin 2018 . . . . 54 ❏

Comprendre et utiliser les notions de divisibilité et de nombres premiers

| 14 | Les diviseurs premiers • France métropolitaine, septembre 2018. . . . . 56 ❏
| 15 | Affirmations • Amérique du Sud, novembre 2017. . . . . 58 ❏
| 16 | Coquillages et poissons • Nouvelle-Calédonie, décembre 2017 . . . . 60 ❏
| 17 | Décompositions • France métropolitaine, septembre 2019. . . . . 62 ❏
| 18 | Les barquettes de nems et samossas
Nouvelle-Calédonie, décembre 2018 . . . . 64 ❏

Utiliser le calcul littéral

| 19 | Schémas de calculs • France métropolitaine, septembre 2018 . . . . 66 ❏
| 20 | Programme de calcul et tableur • Centres étrangers, juin 2019 . . . . 68 ❏
| 21 | Calcul littéral • France métropolitaine, juin 2018 . . . . 70 ❏
| 22 | Vitesse et calcul littéral • France métropolitaine, juin 2017 . . . . 72 ❏
| 23 | Tableur et programme de calcul • Amérique du Sud, novembre 2018. . . . 74 ❏
| 24 | Le hand spinner • France métropolitaine, juin 2018. . . . . 76 ❏
| 25 | Questions indépendantes • Amérique du Nord, juin 2018. . . . . 79 ❏
| 26 | Comparaison de deux programmes • Pondichéry, mai 2018. . . . . 81 ❏

ORGANISATION ET GESTION DE DONNÉES, FONCTIONS

Interpréter, représenter et traiter des données

| 27 | Exploitation d'un marais • Centres étrangers, juin 2018 . . . . 84 ❏
| 28 | Commandes en retard • Asie, juin 2018 . . . . 87 ❏
| 29 | Sécurité routière • Antilles, Guyane, juin 2019 . . . . 89 ❏
| 30 | Club omnisport • Polynésie française, juin 2018 . . . . 92 ❏
| 31 | Les notes • Amérique du Nord, juin 2019 . . . . 95 ❏
| 32 | Les particules fines • France métropolitaine, juin 2018 . . . . 97 ❏
| 33 | Rupture de contrat • Polynésie française, septembre 2019 . . . . 99 ❏
| 34 | Fréquence cardiaque • Pondichéry, mai 2018 . . . . 102 ❏

Comprendre et utiliser des notions élémentaires de probabilités

35 Montres • Centres étrangers, juin 2018 .... 106 ❏
36 Jeu de hasard • Pondichéry, mai 2018 .... 109 ❏
37 Des chaussures en vitrine • Centres étrangers, juin 2019 .... 111 ❏
38 La roue • Nouvelle-Calédonie, décembre 2018 .... 113 ❏
39 Les carburants de voitures • Asie, juin 2019 .... 115 ❏
40 Téléchargements • Polynésie française, septembre 2019 .... 117 ❏
41 Les nombres • Amérique du Nord, juin 2018 .... 119 ❏
42 Course réalisée en 2018 • France métropolitaine, septembre 2018 ..... 121 ❏
43 Le lecteur audio • France métropolitaine, juin 2018 .... 125 ❏

Résoudre des problèmes de proportionnalité

44 France - Portugal • Polynésie française, septembre 2018 .... 127 ❏
45 Le condensateur • France métropolitaine, juin 2017 .... 129 ❏
46 L'éco-conduite • Polynésie française, septembre 2019 .... 131 ❏
47 Les pots de confiture • France métropolitaine, juin 2017 .... 134 ❏
48 La randonnée • Centres étrangers, juin 2019 .... 136 ❏
49 Les pièces montées • France métropolitaine, septembre 2019 .... 139 ❏

Comprendre et utiliser la notion de fonction

50 Facture de gaz • Centres étrangers, juin 2018 .... 142 ❏
51 Volume de glace • Asie, juin 2018 .... 145 ❏
52 Le médicament • Amérique du Nord, juin 2019 .... 147 ❏
53 Magazine sportif • Polynésie française, septembre 2018 .... 150 ❏
54 Performance de deux nageurs • Nouvelle-Calédonie, décembre 2018 .. 154 ❏
55 Récapitulatif d'une course à pied
France métropolitaine, septembre 2018 .... 157 ❏
56 Reconnaître une fonction • Asie, juin 2019 .... 160 ❏
57 Installation d'un grillage pour délimiter un enclos
Amérique du Nord, juin 2017 .... 162 ❏
58 Le réchauffement climatique • France métropolitaine, septembre 2019 .. 165 ❏

GRANDEURS ET MESURES

Calculer avec des grandeurs mesurables

59 Le puits • Asie, juin 2019 .... 168 ❏
60 Les verres de jus de fruits • Antilles, Guyane, juin 2019 .... 170 ❏
61 Le marathon • Polynésie française, septembre 2017 .... 173 ❏
62 Le garage • Asie, juin 2018 .... 175 ❏
63 Une piscine cylindrique • Centres étrangers, juin 2019 .... 177 ❏
64 La terrasse en béton • Amérique du Nord, juin 2018 .... 179 ❏
65 Pluviomètre • Asie, juin 2017 .... 182 ❏

Comprendre l'effet de quelques transformations sur des grandeurs géométriques

66 La pyramide du Louvre • Polynésie française, juillet 2019 .... 185 ❏
67 La frise • Amérique du Nord, juin 2018 .... 187 ❏

ESPACE ET GÉOMÉTRIE

Représenter l'espace

68 La yourte • Asie, juin 2018 .... 189 ❏
69 Les abeilles ouvrières • France métropolitaine, septembre 2018 ..... 191 ❏
70 Écran de télévision • Amérique du Sud, novembre 2018 .... 195 ❏
71 Comparaison des volumes de quatre solides
Centres étrangers, juin 2017 .... 198 ❏
72 Les boulets • Amérique du Nord, juin 2019 .... 200 ❏
73 Aménagement des combles d'une maison
Amérique du Sud, novembre 2017 .... 202 ❏
74 Le globe de cristal • France métropolitaine, juin 2018 .... 204 ❏

Utiliser les notions de géométrie plane pour démontrer

75 Figure géométrique • Amérique du Nord, juin 2019 .... 206 ❏
76 Les transformations du plan • Amérique du Nord, juin 2019 .... 208 ❏
77 Vitesse ascensionnelle • France métropolitaine, septembre 2018 .... 210 ❏
78 Photo de la tour Eiffel • Antilles, Guyane, juin 2019 .... 212 ❏
79 Un bac à sable • Polynésie française, septembre 2019 .... 214 ❏
80 Les étagères • Centres étrangers, juin 2019 .... 217 ❏
81 Triangles • France métropolitaine, juin 2018 .... 220 ❏

SOMMAIRE

82 Ailes d'un moulin à vent décoratif
Polynésie française, septembre 2019 .... 222 ❏

83 Deux voiliers face au vent • Polynésie française, juillet 2019.......... 225 ❏

84 Rallye VTT • France métropolitaine, septembre 2019 .... 227 ❏

85 Les triangles • Amérique du Nord, juin 2018 .... 230 ❏

86 Le ballon de basket • Polynésie française, septembre 2018.......... 232 ❏

ALGORITHMIQUE ET PROGRAMMATION

Écrire, mettre au point et exécuter un programme simple

87 Scratch • Amérique du Nord, juin 2019 .... 234 ❏

88 Logiciel d'algorithmique • Polynésie française, juin 2018 .... 237 ❏

89 Motifs • Antilles, Guyane, juin 2019............................. 239 ❏

90 Scripts et déplacements • Nouvelle-Calédonie, décembre 2018 .... 243 ❏

91 Jeux de dés • France métropolitaine, septembre 2019............... 247 ❏

92 Le vélo de piscine • Polynésie française, septembre 2018............ 251 ❏

93 Suite de carrés • Amérique du Sud, novembre 2018 .... 253 ❏

94 Programmes de calculs • Polynésie française, juillet 2019 .... 255 ❏

95 Scratch • France métropolitaine, juin 2018........................ 258 ❏

96 Le robot jardinier • Centres étrangers, juin 2018................... 260 ❏

97 Scratch et géométrie • Centres étrangers, juin 2019................ 264 ❏

98 Jeu de fléchettes • Pondichéry, mai 2018 .... 267 ❏

Le mémo du brevet

- Différents nombres et leurs représentations 273
- Puissance et racine carrée 274
- Calcul numérique 275
- Calcul littéral 276
- Statistiques – Probabilités 277
- Fonctions – Pourcentages 278
- Grandeurs et mesures. 279
- Transformations sur une figure 280
- Repérage. 281
- Triangle et parallélogramme 282
- Pythagore et Thalès 283
- Algorithmique et programmation. 284

SOMMAIRE

- Coordination éditoriale : Anaïs Goin assistée de Tina de Filippo et d'Alice Petit
- Édition : Jean-Marc Cheminée et Régine Delay
- Graphisme : Tout pour plaire et Dany Mourain
- Maquette : Hatier et Nadine Aymard
- Illustration : Juliette Baily
- Schémas : STDI
- Mise en page : STDI

Planifie tes révisions

Révise des thèmes clés du programme

N°	Thème
7	Utiliser les nombres pour calculer et résoudre des problèmes
17	Comprendre et utiliser les notions de divisibilité
20	Utiliser le calcul littéral
29	Interpréter, représenter et traiter des données
49	Résoudre des problèmes de proportionnalité
52	Comprendre et utiliser la notion de fonction
82	Utiliser les notions de géométrie plane pour démontrer

Travaille les méthodes

N°	Point de méthode
37	Calculer des probabilités
66	Calculer un volume
56	Utiliser la notion de fonction
33	Appliquer un barème de calcul
76	Utiliser des notions de géométrie plane
96	Écrire un programme
63	Calculer avec des grandeurs mesurables

J −7 Les révisions se terminent !

Entraîne-toi avec le sujet complet **1**, dans le temps prévu pour l'examen.

Infos et conseils sur…

L'épreuve de maths

1. Comment s'organise l'épreuve de maths ? 12
2. Quels sont les types d'exercices ? 14
3. Comment réussir l'épreuve ? 15
4. Comment te préparer à l'examen ? 16

1 Comment s'organise l'épreuve de maths ?

Le brevet comprend une épreuve écrite de mathématiques qui évalue les connaissances et compétences attendues en fin de cycle 4.

A La durée et le barème

- L'épreuve dure **2 heures**.
- L'ensemble de l'épreuve est noté sur **100 points**. Les points attribués à chaque exercice sont indiqués dans le sujet.

> **RAPPEL** Le brevet est noté sur un total de 800 points :
> – 400 pour le contrôle continu ;
> – 400 pour les épreuves finales.
> Pour l'obtenir, il te suffit d'avoir 400 points, mais tu peux évidemment viser plus pour obtenir une mention.

B La composition de l'épreuve

- Le sujet est constitué de **six à huit exercices**. Ils peuvent être traités indépendamment les uns des autres et dans l'ordre qui te convient. Au moins l'un des exercices porte sur l'algorithmique ou la programmation.

- Les exercices peuvent se présenter sous **diverses formes** :
– questions ouvertes ;
– questionnaires à choix multiples (QCM) ;
– questions de type vrai/faux.

Certains exercices ou certaines questions exigent de ta part une **prise d'initiative** et sollicitent principalement ta capacité de raisonnement.

> **INFO** Le jour de l'épreuve, tu es autorisé à utiliser ta calculatrice mais attention, cela ne te dispense pas de connaître par cœur les formules au programme.

- Note également que la série d'exercices comprend souvent un **problème** prenant appui sur des situations issues de la vie courante ou sur d'autres disciplines.

C Les critères d'évaluation

● Les correcteurs évaluent la clarté et la **précision des raisonnements** – et, par conséquent, la qualité de la rédaction mathématique.

● Si tu ne termines pas un exercice, les démarches engagées, même non abouties, sont prises en compte dans la notation.

> **CONSEIL** Prends soin de bien noter, au brouillon, les étapes de ta recherche et de recopier les éléments permettant de la valoriser.

D En résumé

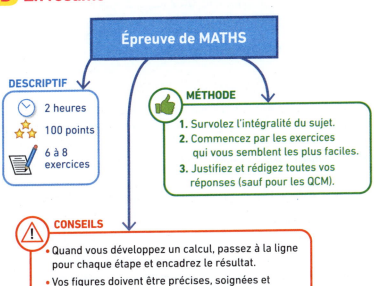

2. Quels sont les types d'exercices ?

Un sujet de brevet est composé d'exercices de mathématiques de natures variées. Les exercices fondamentaux font surtout appel à tes connaissances. La plupart des exercices sollicitent ta capacité à résoudre des problèmes.

A Les exercices fondamentaux

- Dans ce type d'exercice, il s'agit d'appliquer une leçon. Tu dois montrer que tu as compris les **notions fondamentales** du programme de maths du collège.

- Si l'exercice prend la forme d'un **QCM** (questionnaire à choix multiple), tu dois choisir parmi plusieurs réponses la seule qui est correcte. Tu n'as pas à justifier ta réponse. Sur ta feuille, indique le numéro de la question et recopie la bonne réponse. Les mauvaises réponses n'ôtent pas de points.

B Les exercices contextualisés

- Les exercices contextualisés s'appuient sur des **situations** issues de la vie courante ou faisant référence à d'autres disciplines, et qui sont modélisées sous une forme mathématique.

- Leur énoncé peut comprendre un schéma explicatif, une formule, etc.

C Les exercices de type « tâche complexe »

- Pour certains exercices de type « tâche complexe », une série de **données** et/ou de documents sont fournis. Une seule question t'est posée.

- Tu dois mobiliser tes connaissances sur **plusieurs leçons** et **trouver toi-même les étapes** à suivre pour résoudre le problème. Ta réponse devra faire apparaître clairement ton raisonnement.

> **CONSEIL** Même si ta démarche n'aboutit pas, n'hésite pas à écrire toutes tes pistes de recherche. Elles comptent dans ta note.

D L'exercice d'algorithmique

- L'exercice d'algorithmique fait référence au logiciel de programmation Scratch.

- Tu dois montrer que tu as **compris un programme** déjà écrit et que tu sais éventuellement le **modifier**.

③ Comment réussir l'épreuve ?

Pour chaque exercice, tu dois comprendre le problème posé, utiliser les données fournies, mobiliser tes connaissances et expliquer clairement ton raisonnement.

A Bien gérer son temps

● Commence par **survoler l'intégralité** du sujet. Les exercices sont indépendants : tu peux les traiter dans l'ordre que tu veux.

● Tu disposes de 2 heures pour faire 6 à 8 exercices : tu dois donc accorder environ **15 minutes** à chacun. Veille néanmoins à garder **10 minutes** à la fin de l'épreuve pour te relire.

● Si tu peines sur une question ou sur un exercice, ne t'y attarde pas trop : passe au suivant, et tu y reviendras ensuite.

B Bien analyser chaque exercice

● Lis une fois chaque énoncé ; puis relis en soulignant les **données clés**.

● En géométrie, si l'énoncé ne fournit pas de figure, **trace rapidement celle-ci au brouillon** : tu visualiseras mieux le problème et feras apparaître des configurations connues.

C Bien rédiger et bien présenter sa copie

1. La présentation de la copie

● Travaille d'abord au brouillon, afin d'éviter les ratures.

● Sur ta copie, indique bien le numéro de chacun des exercices. Quand tu développes un **calcul**, passe à la ligne pour chaque étape et souligne le résultat. Tes **figures** doivent être précises, soignées et bien codées.

2. La qualité de la rédaction

Tu dois **justifier et rédiger** toutes tes réponses, sauf dans les QCM.

● Dans une démonstration, explicite les hypothèses te permettant de faire appel à une propriété, écris la formule employée.

● Quand tu donnes une réponse chiffrée, fais attention à la précision demandée, n'oublie pas l'unité.

● De façon générale, exprime-toi dans un français correct et efforce-toi d'employer avec justesse le vocabulaire mathématique.

4 Comment te préparer à l'examen ?

Les épreuves finales du brevet constituent ton premier examen. Cela peut générer du stress. Mais, si tu es en bonne forme et que tu as travaillé régulièrement tout au long de l'année, tu n'as aucune raison de t'inquiéter.

A De manière générale

1. La préparation physique

- Il est recommandé de **dormir correctement** dans les deux derniers mois avant l'examen. Le manque de sommeil risque en effet de réduire tes performances intellectuelles.

- Pour mieux gérer ton stress, continue de **faire du sport**, sans excès, dans les jours qui précèdent l'examen.

2. La préparation intellectuelle

Cette préparation-là s'effectue tout au long de l'année.
- En premier lieu, sois **attentif en cours**.

- **Apprends tes leçons** au fur et à mesure ; n'attends pas le contrôle. Donne du sens à ce que tu apprends : n'hésite pas à expliquer, à l'oral ou à l'écrit, le contenu de ta leçon à un proche ou à un camarade de classe.

- Lors de la préparation d'un contrôle, entraîne-toi à **extraire de ta mémoire** ce que tu y as mis. Révise pour de vrai !

> **ATTENTION !** Réviser n'est pas seulement relire. Il faut reformuler mentalement ce que tu lis et, si possible, par écrit, devant une feuille blanche.

B Dans chaque discipline

- En **mathématiques et en sciences**, fais une fiche de révision par chapitre : note les définitions et les propriétés à connaître, illustrées par des exemples rédigés.

- En **français**, prends le temps nécessaire pour lire attentivement les textes qu'on te donne à lire à la maison (sous forme d'extraits ou d'œuvres complètes).

- En **histoire, géographie et EMC**, pour chaque chapitre, note les points principaux en t'appuyant sur ton cours ou ton manuel.

98 sujets expliqués

... et corrigés

- **Sujet complet**
  Sujet 1 19
- **Exercices classés par thème**
  Sujets 2 à 98 31

Sujet du brevet de France métropolitaine 2019

EXERCICE 1 • LE TRÉSOR   10 POINTS

Le capitaine d'un navire possède un trésor constitué de 69 diamants, 1 150 perles et 4 140 pièces d'or.

▶ **1.** Décomposer 69 ; 1 150 et 4 140 en produits de facteurs premiers.

▶ **2.** Le capitaine partage équitablement le trésor entre les marins. Combien y a-t-il de marins sachant que toutes les pièces, perles et diamants ont été distribués ?

EXERCICE 2 • LE DÉCOR DE LA PIÈCE DE THÉÂTRE   19 POINTS

Dans cet exercice, on donnera, si nécessaire, une valeur approchée des résultats au centième près.

Pour construire le décor d'une pièce de théâtre (figure 1), Joanna dispose d'une plaque rectangulaire ABCD de 4 m sur 2 m dans laquelle elle doit découper les trois triangles du décor avant de les superposer. Elle propose un découpage de la plaque (figure 2).

Figure 1

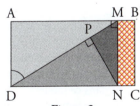

Figure 2

Le triangle ADM respecte les conditions suivantes :
• Le triangle ADM est rectangle en A.
• AD = 2 m.
• $\widehat{ADM} = 60°$.

▶ **1.** Montrer que [AM] mesure environ 3,46 m.

▶ **2.** La partie de la plaque non utilisée est représentée en quadrillé sur la figure 2. Calculer une valeur approchée au centième de la proportion de la plaque qui n'est pas utilisée.

▶ **3.** Pour que la superposition des triangles soit harmonieuse, Joanna veut que les trois triangles AMD, PNM et PDN soient semblables. Démontrer que c'est bien le cas.

▶ **4.** Joanna aimerait que le coefficient d'agrandissement pour passer du triangle PDN au triangle AMD soit plus petit que 1,5. Est-ce le cas ? Justifier.

EXERCICE 3 • GESTION DE DONNÉES   **17 POINTS**

Les questions 1 et 2 sont indépendantes.

Un sablier est composé de :
– deux cylindres C_1 et C_2 de hauteur 4,2 cm et de diamètre 1,5 cm ;
– un cylindre C_3 ;
– deux demi-sphères S_1 et S_2 de diamètre 1,5 cm.
On rappelle le volume $\mathcal{V}$ d'un cylindre d'aire de base $\mathcal{B}$ et de hauteur h :
$\mathcal{V} = \mathcal{B} \times h$.

▶ **1. a)** Au départ, le sable remplit le cylindre C_2 aux deux tiers. Montrer que le volume du sable est environ 4,95 cm³.
b) On retourne le sablier. En supposant que le débit d'écoulement du sable est constant et égal à 1,98 cm³/min, calculer le temps en minutes et secondes que va mettre le sable à s'écouler dans le cylindre inférieur.

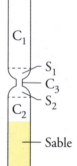

▶ **2.** En réalité, le débit d'écoulement d'un même sablier n'est pas constant.
Dans une usine où on fabrique des sabliers comme celui-ci, on prend un sablier au hasard et on teste plusieurs fois le temps d'écoulement dans ce sablier.
Voici les différents temps récapitulés dans le tableau suivant :

Temps mesuré	2 min 22 s	2 min 24 s	2 min 26 s	2 min 27 s	2 min 28 s	2 min 29 s	2 min 30 s
Nombre de tests	1	1	2	6	3	7	6

Temps mesuré	2 min 31 s	2 min 32 s	2 min 33 s	2 min 34 s	2 min 35 s	2 min 38 s
Nombre de tests	3	1	2	3	2	3

a) Combien de tests ont été réalisés au total ?
b) Un sablier est mis en vente s'il vérifie les trois conditions ci-dessous, sinon il est éliminé.
• L'étendue des temps est inférieure à 20 s.
• La médiane des temps est comprise entre 2 min 29 s et 2 min 31 s.
• La moyenne des temps est comprise entre 2 min 28 s et 2 min 32 s.

EXERCICE 4 • DESSIN SOUS SCRATCH **19 POINTS**

On veut réaliser un dessin constitué de deux types d'éléments (tirets et carrés) mis bout à bout.
Chaque script ci-dessous trace un élément, et déplace le stylo.
On rappelle que « s'orienter à 90 » signifie qu'on oriente le stylo vers la droite.

```
définir Carré
    s'orienter à 90
    tourner ↻ de 90 degrés
    répéter 4 fois
        avancer de 5
        tourner ↺ de 90 degrés
        avancer de 5
    relever le stylo
    s'orienter à 90
    avancer de 10
    stylo en position d'écriture
```

```
définir Tiret
    s'orienter à 90
    avancer de 10
```

France métropolitaine • Juillet 2019   SUJET 1

▶ **1.** En prenant 1 cm pour 2 pixels, représenter la figure obtenue si on exécute le script Carré.
Préciser les positions de départ et d'arrivée du stylo sur votre figure.
Pour tracer le dessin complet, on a réalisé 2 scripts qui se servent des blocs « Carré » et « Tiret » ci-dessus :

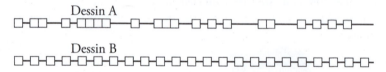

On exécute les deux scripts et on obtient les deux dessins ci-dessous.

Dessin A

Dessin B

▶ **2.** Attribuer à chaque script la figure dessinée. Justifier votre choix.

▶ **3.** On exécute le script 2.
a) Quelle est la probabilité que le premier élément tracé soit un carré ?
b) Quelle est la probabilité que les deux premiers éléments soient des carrés ?

▶ **4.** Dans le script 2, on aimerait que la couleur des différents éléments, tirets ou carrés, soit aléatoire, avec à chaque fois 50 % de chance d'avoir un élément noir et 50 % de chance d'avoir un élément rouge.
Écrire la suite d'instructions qu'il faut alors créer et préciser où l'insérer dans le script 2.
Indication : on pourra utiliser les instructions `mettre la couleur du stylo à ■` (rouge) et `mettre la couleur du stylo à ■` (noir) pour choisir la couleur du stylo.

EXERCICE 5 • LES TRANSFORMATIONS DU PLAN   18 POINTS

Olivia s'est acheté un tableau pour décorer le mur de son salon.
Ce tableau, représenté ci-contre, est constitué de quatre rectangles identiques nommés ①, ②, ③ et ④ dessinés à l'intérieur d'un grand rectangle ABCD d'aire égale à 1,215 m². Le ratio longueur : largeur est égal à 3 : 2 pour chacun des cinq rectangles.

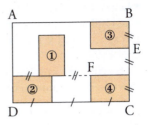

▶ **1.** Recopier, en les complétant, les phrases suivantes. Aucune justification n'est demandée.
a) Le rectangle … est l'image du rectangle … par la translation qui transforme C en E.
b) Le rectangle ③ est l'image du rectangle … par la rotation de centre F et d'angle 90° dans le sens des aiguilles d'une montre.
c) Le rectangle ABCD est l'image du rectangle … par l'homothétie de centre … et de rapport 3.
(Il y a plusieurs réponses possibles, une seule est demandée.)

▶ **2.** Quelle est l'aire d'un petit rectangle ?

▶ **3.** Quelles sont la longueur et la largeur du rectangle ABCD ?

EXERCICE 6 • PROGRAMME DE CALCUL   12 POINTS

Voici deux programmes de calcul.

Programme 1

Choisir un nombre
Le multiplier par 3
Ajouter 1

Programme 2

Choisir un nombre
→ Soustraire 1
→ Ajouter 2
→ Multiplier les deux nombres obtenus

▶ **1.** Vérifier que si on choisit 5 comme nombre de départ,
• Le résultat du programme 1 vaut 16.
• Le résultat du programme 2 vaut 28

On appelle A(x) le résultat du programme 1 en fonction du nombre x choisi au départ.
La fonction B : $x \mapsto (x-1)(x+2)$ donne le résultat du programme 2 en fonction du nombre x choisi au départ.

▶ **2. a)** Exprimer A(x) en fonction de x.
b) Déterminer le nombre que l'on doit choisir au départ pour obtenir 0 comme résultat du programme 1.

▶ **3.** Développer et réduire l'expression :
B(x) = $(x-1)(x+2)$.

▶ **4. a)** Montrer que B(x) − A(x) = $(x+1)(x-3)$.
b) Quels nombres doit-on choisir au départ pour que le programme 1 et le programme 2 donnent le même résultat ? Expliquer la démarche.

LES CLÉS DU SUJET

■ Exercice 1

Points du programme
PGCD de trois entiers naturels • Décomposition en produit de facteurs premiers

Nos coups de pouce
▶ **2.** Pense au PGCD.

■ Exercice 2

Points du programme
Trigonométrie • Triangles semblables • Angles • Proportion

Nos coups de pouce
▶ **3.** Des triangles sont semblables s'ils ont 2 angles égaux.

■ Exercice 3

Points du programme
Statistiques • Volumes usuels • Proportionnalité

Nos coups de pouce
▶ **3.** Vérifie si chacun des critères est valide pour le sablier testé.

France métropolitaine • Juillet 2019 CORRIGÉ 1

■ Exercice 4

Points du programme
Algorithmique

Nos coups de pouce
▶ **1.** Lis chaque étape et trace la figure au fur et à mesure.

■ Exercice 5

Points du programme
Transformations du plan • Aire d'un rectangle • Ratio

Nos coups de pouce
▶ **2.** Dans un agrandissement de coefficient k, les aires sont multipliées par k^2.

■ Exercice 6

Points du programme
Calcul littéral • Équations

Nos coups de pouce
▶ **4.** Développe chaque partie et vérifie qu'elles sont égales.

CORRIGÉ 1

EXERCICE 1

▶ **1.** $69 = 3 \times 23$
$1\,150 = 2 \times 575 = 2 \times 5 \times 115 = 2 \times 5^2 \times 23$
$4\,140 = 2 \times 2\,070 = 2^2 \times 1\,035 = 2^2 \times 3 \times 345 = 2^2 \times 3^2 \times 115$
$ = 2^2 \times 3^2 \times 5 \times 23$

▶ **2.** Le facteur commun aux trois nombres est 23.
Donc PGCD(69 ; 1 150 ; 4 140) = 23.

Il y a donc 23 marins.

EXERCICE 2

▶ **1.** ADM est rectangle en A.

$\tan(\widehat{D}) = \dfrac{\text{côté opposé à l'angle } \widehat{D}}{\text{côté adjacent à l'angle } \widehat{D}} = \dfrac{AM}{AD}$

Donc $\tan(60°) = \dfrac{AM}{2}$

et AM = $2 \times \tan(60°) \approx \boxed{3,46 \text{ m}}$.

ATTENTION !
Pour additionner deux fractions, il faut les mettre au même dénominateur.

▶ **2.** Aire(BMNC) = BM × BC = (4 − 3,46) × 2 = 1,08 m²
Aire(ABCD) = AB × BC = 4 × 2 = 8 m²

Donc la proportion de plaque non utilisée est : $\dfrac{1,08}{8} \approx \boxed{0,14}$.

▶ **3.** • Dans les triangles ADM et MPN :
$\widehat{DAM} = \widehat{MPN}$ car ce sont des angles droits ;
$\widehat{ADM} = \widehat{PMN}$ car les deux angles sont alternes-internes.
Les triangles ADM et MPN ont deux angles égaux, **ils sont donc semblables**.

• Dans les triangles ADM et PDN :
$\widehat{DAM} = \widehat{NPD}$ car ce sont des angles droits ;
$\widehat{PDN} = 90° − 60° = 30°$ et par la somme des mesures des angles d'un triangle, $\widehat{AMD} = 30°$.
Donc les deux angles $\widehat{PDN}$ et $\widehat{AMD}$ sont égaux.
Les triangles ADM et PND ont deux angles égaux, **ils sont donc semblables**.

▶ **4.** ADM est rectangle en A.

$\cos(\widehat{D}) = \dfrac{\text{côté adjacent à l'angle } \widehat{D}}{\text{hypoténuse}} = \dfrac{AD}{DM}$

donc $\cos(60°) = \dfrac{2}{DM}$

donc DM = $\dfrac{2}{\cos(60°)} = \boxed{4 \text{ m}}$.

Or DN = 3,46 m

donc $\dfrac{DM}{DN} = \dfrac{4}{3,46} \approx 1,15 < 1,5$.

Le coefficient d'agrandissement convient.

À NOTER
Une proportion est la division de deux mêmes grandeurs.

EXERCICE 3

▶ **1. a)** $\mathcal{V}_{sable} = \dfrac{2}{3} \times \mathcal{V}_{C_2} = \dfrac{2}{3} \times \text{aire(base)} \times \text{hauteur}$

$= \dfrac{2}{3} \times \pi \times \left(\dfrac{1,5}{2}\right)^2 \times 4,2 \approx \boxed{4,95 \text{ cm}^3}$

> **ATTENTION !**
> rayon = $\dfrac{\text{diamètre}}{2}$.

b) Il y a proportionnalité entre le volume de sable écoulé et le temps :

Volume (cm³)	Temps (s)
1,98	60
4,95	x

Par le produit en croix, on a :

$x = \dfrac{4,95 \times 60}{1,98} = 150 \text{ s} = \boxed{2 \text{ min } 30 \text{ s}}$

▶ **2. a)** Le nombre total de tests faits est :
$1 + 1 + 2 + 6 + 3 + 7 + 6 + 3 + 1 + 2 + 3 + 2 + 3 = \boxed{40}$.

b) Calcul de l'étendue : 2 min 38 s – 2 min 22 s = 16 s.

16 s < 20 s donc le premier critère est vérifié.

Détermination de la médiane : on cherche la moyenne entre la 20ᵉ et la 21ᵉ valeur.

1ʳᵉ méthode : on liste, dans l'ordre croissant, les 40 valeurs.

> **RAPPEL**
> La médiane d'une série statistique est la valeur qui partage l'effectif en deux sous-effectifs égaux.

2ᵉ méthode : on fait un calcul d'effectifs cumulés croissants :

Temps	2'22	2'24	2'26	2'27	2'28	2'29	2'30	2'31	2'32	2'33	2'34	2'35	2'38
Effectifs cumulés croissants	1	2	4	10	13	20	26	29	30	32	35	37	40

Donc la médiane est entre 2 min 29 s et 2 min 30 s et le second critère est vérifié.

Calcul de la moyenne (le calcul est plus simple si toutes les unités de temps sont en secondes) :

$$\text{Moyenne} = \frac{\begin{array}{c}142\times1+144\times1+146\times2+147\times6+148\times3\\+149\times7+150\times6+151\times3+152\times1\\+153\times2+154\times3+155\times2+158\times3\end{array}}{40}$$

≈ 150 s soit 2 min 30 s.

Donc ce dernier critère est vérifié.

Conclusion : ce sablier ne sera pas éliminé.

EXERCICE 4

▶ **1.**

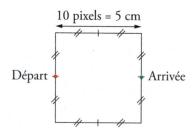

▶ **2.** Le script 1 correspond au dessin B car il crée 23 fois le même motif carré-tiret. Le script 2 correspond au dessin A car il crée 46 tracés aléatoires de carrés et de tirets.

▶ **3. a)** Si le nombre aléatoire est 1, c'est un carré qui est tracé.

Or la probabilité que le 1 sorte est de $\frac{1}{2}$.

Donc la probabilité que le premier tracé soit un carré est de $\boxed{\frac{1}{2}}$.

b) Pour obtenir la probabilité que les deux premiers tracés soient des carrés, on peut :

– soit faire un arbre des possibles et compter le nombre de branches qui mènent à carré-carré ;

– soit se rendre compte que le tracé du premier carré n'influence pas le tracé du second ; ces deux événements sont donc indépendants.

Donc : $p(\text{carré-carré}) = \frac{1}{2} \times \frac{1}{2} = \boxed{\frac{1}{4}}$.

France métropolitaine • Juillet 2019 **CORRIGÉ 1**

▶ **4.** Juste après le bloc « répéter 46 fois », il faut glisser les blocs suivants :

EXERCICE 5

▶ **1. a)** Le rectangle ③ est l'image du rectangle ④ par la translation qui transforme C en E.

b) Le rectangle ③ est l'image du rectangle ① par la rotation de centre F d'angle 90° dans le sens des aiguilles d'une montre.

c) Le rectangle ABCD est l'image du rectangle ② par l'homothétie de centre D de rapport 3.

Le rectangle ABCD est l'image du rectangle ③ par l'homothétie de centre B de rapport 3.

Le rectangle ABCD est l'image du rectangle ④ par l'homothétie de centre C de rapport 3.

▶ **2.** $\mathcal{A}_{ABCD} = 3^2 \times \mathcal{A}_{petit\ rectangle}$
$1{,}215 = 9 \times \mathcal{A}_{petit\ rectangle}$
Donc $\mathcal{A}_{petit\ rectangle} = \dfrac{1{,}215}{9} = \boxed{0{,}135\ m^2}$.

▶ **3.** Calculons la longueur et la largeur du grand rectangle :

On a $L = 1{,}5 \times l$.
Or $\mathcal{A}_{ABCD} = L \times l$.
Donc $1{,}5 \times l^2 = 1{,}215$

$\boxed{l = \sqrt{\dfrac{1{,}215}{1{,}5}} = 0{,}9\ m}$

À NOTER
$L : l = 3 : 2$ signifie que la longueur est 1,5 fois plus grande que la largeur.

De plus : $\boxed{L = 1{,}5 \times 0{,}9 = 1{,}35\ m}$

EXERCICE 6

▶ **1.**

Programme 1 :
5
$5 \times 3 = 15$
$15 + 1 = \boxed{16}$

Programme 2 :

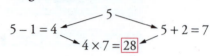

▶ **2. a)** $\boxed{A(x) = 3x + 1}$

b) On résout l'équation $3x + 1 = 0$.
$3x = -1$
$\boxed{x = -\dfrac{1}{3}}$

▶ **3.** $B(x) = (x-1)(x+2) = x^2 + 2x - x - 2 = \boxed{x^2 + x - 2}$

▶ **4. a)** D'une part : $B(x) - A(x) = x^2 + x - 2 - 3x - 1 = x^2 - 2x - 3$.
D'autre part : $(x+1)(x-3) = x^2 - 3x + x - 3 = x^2 - 2x - 3$.

Donc les deux expressions sont bien égales.

b) On cherche x tel que $B(x) = A(x)$ donc $B(x) - A(x) = 0$, soit $(x+1)(x-3) = 0$.

ATTENTION !
$B(x) = A(x)$ signifie que $B(x) - A(x) = 0$.

C'est une équation produit, or, si un produit de facteurs est nul alors l'un au moins des facteurs est nul.

Donc $x + 1 = 0$ ou $x - 3 = 0$, soit :

$x = -1$ ou $x = 3$.

Conclusion : les deux valeurs pour lesquelles ces deux programmes sont égaux sont -1 et 3.

SUJET 2

Polynésie française • Septembre 2018
Exercice 1 • 12 points

Affirmations

Indiquer si les affirmations suivantes sont vraies ou fausses.
Justifier vos réponses.

▶ **1. Affirmation 1**
On lance un dé équilibré à six faces numérotées de 1 à 6. Un élève affirme qu'il a deux chances sur trois d'obtenir un diviseur de 6.
A-t-il raison ?

▶ **2. Affirmation 2**
On considère le nombre $a = 3^4 \times 7$.
Un élève affirme que le nombre $b = 2 \times 3^5 \times 7^2$ est un multiple du nombre a.
A-t-il raison ?

▶ **3. Affirmation 3**
En 2016, le football féminin comptait en France 98 800 licenciées alors qu'il y en avait 76 000 en 2014.
Un journaliste affirme que le nombre de licenciées a augmenté de 30 % de 2014 à 2016.
A-t-il raison ?

▶ **4. Affirmation 4**
Une personne A a acheté un pull et un pantalon de jogging dans un magasin. Le pantalon de jogging coûtait 54 €. Dans ce magasin, une personne B a acheté le même pull en trois exemplaires ; elle a dépensé plus d'argent que la personne A.
La personne B affirme qu'un pull coûte 25 €.
A-t-elle raison ?

LES CLÉS DU SUJET

■ **Points du programme**

Pourcentages • Probabilités et fractions irréductibles • Calculs numériques de base • Puissances et multiples.

Comparer, calculer et résoudre des problèmes   **CORRIGÉ 2**

■ **Nos coups de pouce**
▶ **2.** Essaie de faire apparaître les facteurs de A dans l'expression de B.
▶ **3.** Pense à calculer la hausse du nombre de licenciées.
▶ **4.** Teste si, avec le prix proposé, la personne B dépense plus que la personne A.

CORRIGÉ 2

▶ **1.** Affirmation vraie.

Les diviseurs de 6, compris entre 1 et 6 sont : 1 ; 2 ; 3 ; 6.

On a donc 4 chances sur 6 d'obtenir un diviseur de 6.

Or : $\dfrac{4}{6} = \dfrac{2}{3}$.

> ATTENTION !
> Une fraction doit toujours être présentée sous forme irréductible.

▶ **2.** Affirmation vraie.

On a : $b = 2 \times 3^5 \times 7^2 = 2 \times 3 \times 7 \times (3^4 \times 7) = 42 \times a$.

Donc b est un multiple de a.

▶ **3.** Affirmation vraie.

Il s'agit de déterminer x dans le tableau de proportionnalité suivant :

Hausse entre 2014 et 2016 du nombre de licenciées	98 800 – 76 000 = 22 800	x
Nombre de licenciées en 2014	76 000	100

Par le produit en croix, on a : $x = \dfrac{22\,800 \times 100}{76\,000} = 30$.

Donc le pourcentage d'augmentation du nombre de licenciées entre 2014 et 2016 est 30.

▶ **4.** Affirmation fausse.

Supposons que le pull coûte bien 25 €.

La personne A aurait dépensé : 25 + 54 = 79 €.

La personne B aurait dépensé : 25 × 3 = 75 €.

Donc la personne B aurait dépensé moins que la personne A, ce qui est contraire aux données de l'énoncé.

Donc le pull ne peut pas coûter 25 €.

Les affirmations

Voici quatre affirmations. Pour chacune d'entre elles, dire si elle est vraie ou fausse. On rappelle que la réponse doit être justifiée.

▶ **1. Affirmation 1** : $\dfrac{3}{5} + \dfrac{1}{2} = \dfrac{3+1}{5+2}$.

▶ **2.** On considère la fonction $f : x \mapsto 5 - 3x$.
Affirmation 2 : l'image de -1 par f est -2.

▶ **3.** On considère deux expériences aléatoires :
• expérience n° 1 : choisir au hasard un nombre entier compris entre 1 et 11 (1 et 11 inclus) ;
• expérience n° 2 : lancer un dé équilibré à six faces numérotées de 1 à 6 et annoncer le nombre qui apparaît sur la face du dessus.
Affirmation 3 : il est plus probable de choisir un nombre premier dans l'expérience n° 1 que d'obtenir un nombre pair dans l'expérience n° 2.

▶ **4. Affirmation 4** : pour tout nombre x :
$(2x + 1)^2 - 4 = (2x + 3)(2x - 1)$.

LES CLÉS DU SUJET

■ **Points du programme**

Fractions • Fonctions • Probabilités • Calcul littéral.

■ **Nos coups de pouce**

▶ **4.** Pour démontrer une égalité, il faut la vérifier quel que soit le nombre de départ choisi, donc avec x.

CORRIGÉ 3

▶ **1.** $\dfrac{3}{5} + \dfrac{1}{2} = \dfrac{6}{10} + \dfrac{5}{10} = \dfrac{11}{10} = \dfrac{77}{70}$

Cependant : $\dfrac{3+1}{5+2} = \dfrac{4}{7} = \dfrac{40}{70}$.

Donc l'affirmation est fausse.

> **ATTENTION !**
> Pour additionner deux fractions, il faut les mettre au même dénominateur.

▶ **2.** $f(-1) = 5 - 3 \times (-1) = 5 + 3 = 8 \neq -2$

Donc l'affirmation est fausse.

▶ **3.** • Les nombres premiers compris entre 1 et 11 sont : 2 ; 3 ; 5 ; 7 et 11.

Donc la probabilité de tirer un nombre premier avec l'expérience n° 1 est de $\dfrac{5}{11}$.

> **RAPPEL**
> Un nombre premier est un nombre qui n'est divisible que par 1 et lui-même.

• Les nombres pairs compris entre 1 et 6 sont : 2 ; 4 et 6.

Donc la probabilité de tirer un nombre pair avec l'expérience n° 2 est de $\dfrac{3}{6}$.

Or $\dfrac{5}{11} = \dfrac{30}{66}$ et $\dfrac{3}{6} = \dfrac{33}{66}$.

Donc l'affirmation est fausse.

▶ **4.** On développe chaque membre de l'expression :

$(2x + 1)^2 - 4 = 4x^2 + 4x + 1 - 4 = 4x^2 + 4x - 3$

$(2x + 3)(2x - 1) = 4x^2 - 2x + 6x - 3 = 4x^2 + 4x - 3$

Les deux expressions sont égales donc l'affirmation est vraie.

SUJET 4

Asie • Juin 2018
Exercice 3 • 12 points

QCM

Cet exercice est un QCM (questionnaire à choix multiples).
Dans chaque cas, une seule réponse est correcte.
Pour chacune des questions, écrire sur la copie le numéro de la question et la lettre de la bonne réponse. Aucune justification n'est attendue.

	Questions	Réponse A	Réponse B	Réponse C
1	L'écriture décimale du nombre $5,3 \times 10^5$ est :	530 000	5,300 000	5 300 000
2	Un dé équilibré a six faces numérotées de 1 à 6. On souhaite le lancer une fois. La probabilité d'obtenir un diviseur de 20 est :	$\dfrac{2}{3}$	$\dfrac{4}{20}$	$\dfrac{1}{2}$
3	L'égalité $(x+5)^2 = x^2 + 25$:	n'est vraie pour aucune valeur de x	est vraie pour une valeur de x	est vraie pour toute valeur de x
4	On veut remplir des bouteilles contenant chacune $\dfrac{3}{4}$ L. Avec 12 L, on peut remplir :	9 bouteilles	12 bouteilles	16 bouteilles

LES CLÉS DU SUJET

■ **Points du programme**

Puissances • Probabilités • Équation et identité remarquable • Proportionnalité.

■ **Nos coups de pouce**

▶ **1.** L'exposant donne le nombre de crans de décalage de la virgule vers la droite.
▶ **3.** Pense à développer l'identité remarquable.
▶ **4.** Aide-toi d'un tableau de proportionnalité.

CORRIGÉ 4

▶ **1.** La bonne réponse est la réponse A.
L'écriture décimale de $5,3 \times 10^5$ est 530 000.

▶ **2.** La bonne réponse est la réponse A.
Les diviseurs de 20 sont 1 ; 2 ; 4 et 5. La probabilité d'obtenir un diviseur de 20 est donc $\dfrac{4}{6}$ soit $\dfrac{2}{3}$.

▶ **3.** La bonne réponse est la réponse B.
L'équation, une fois l'identité remarquable développée, est :

$$x^2 + 10x + 25 = x^2 + 25$$
$$10x = 0$$
$$x = 0$$

RAPPEL
$(a + b)^2 = a^2 + 2ab + b^2$.

▶ **4.** La bonne réponse est la réponse C.
On peut s'aider d'un tableau de proportionnalité :

Nombre de litres	Nombres de bouteilles remplies
$\dfrac{3}{4}$	1
12	x

$x = (12 \times 1) : \dfrac{3}{4} = 16$ bouteilles.

Amérique du Nord • Juin 2019
Exercice 3 • 12 points

Le gaspillage alimentaire

Le diagramme ci-dessous représente, pour six pays, la quantité de nourriture gaspillée (en kg) par habitant en 2010.

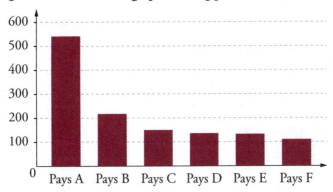

Quantité de nourriture gaspillée en kg par habitant en 2010

▶ **1.** Donner approximativement la quantité de nourriture gaspillée par un habitant du pays D en 2010.

▶ **2.** Peut-on affirmer que le gaspillage de nourriture d'un habitant du pays F représente environ un cinquième du gaspillage de nourriture d'un habitant du pays A ?

▶ **3.** On veut rendre compte de la quantité de nourriture gaspillée pour d'autres pays. On réalise alors le tableau ci-dessous à l'aide d'un tableur.
Rappel : 1 tonne = 1 000 kg.

	A	B	C	D
1		Quantité de nourriture gaspillée par habitant en 2010 (en kg)	Nombre d'habitants en 2010 (en millions)	Quantité totale de nourriture gaspillée (en tonnes)
2	Pays X	345	10,9	3 760 500
3	Pays Y	212	9,4	
4	Pays Z	135	46,6	

Comparer, calculer et résoudre des problèmes **CORRIGÉ 5**

a) Quelle est la quantité totale de nourriture gaspillée par les habitants du pays X en 2010 ?
b) Voici trois propositions de formule, recopier sur votre copie celle qu'on a saisie dans la cellule D2 avant de l'étirer jusqu'en D4.

Proposition 1	Proposition 2	Proposition 3
=B2*C2*1000000	=B2*C2	=B2*C2*1000

LES CLÉS DU SUJET

■ **Points du programme**

Lecture de diagrammes • Tableur • Fraction d'une quantité.

■ **Nos coups de pouce**

▶ **3.** Pour passer des tonnes en kilogrammes, il faut multiplier par 1 000.

CORRIGÉ 5

▶ **1.** Par lecture, on voit que la quantité de nourriture gaspillée par un habitant du pays D est d'environ 140 kg.

▶ **2.** La quantité de nourriture gaspillée par un habitant du pays F est d'environ 110 kg.
La quantité de nourriture gaspillée par un habitant du pays A est d'environ 545 kg.
545 : 110 ≈ 5
Donc on peut affirmer que le gaspillage de nourriture d'un habitant du pays F représente environ un cinquième du gaspillage de nourriture d'un habitant du pays A.

▶ **3. a)** La quantité totale de nourriture gaspillée par les habitants du pays X en 2010 est de 3 760 500 tonnes.

b) La formule à saisir est : =B2*C2*1000

SUJET 6

Amérique du Sud • Novembre 2018
Exercice 2 • 12 points

La collection de BD

Avant son déménagement, Hugo décide de se séparer de sa collection de 300 BD (bandes dessinées).
15 % de ces BD sont trop abîmées pour être vendues. Il les dépose à la déchèterie.
À la braderie du village, il vend ensuite trois cinquièmes de ce qu'il lui reste.
Combien rapporte-t-il de BD chez lui à la fin de la braderie ?

LES CLÉS DU SUJET

■ **Points du programme**

Pourcentages • Fractions de grandeurs.

■ **Nos coups de pouce**

Calcule le nombre de BD dont Hugo se sépare à chaque étape.

CORRIGÉ 6

- Calculons le nombre de BD abîmées laissées à la déchèterie :

$300 \times \dfrac{15}{100} = 45$.

RAPPEL
Prendre une fraction d'une quantité, c'est multiplier la quantité par la fraction.

- Calculons le nombre de BD restantes :

$300 - 45 = 255$.

- Calculons le nombre de BD vendues lors de la braderie :

$255 \times \dfrac{3}{5} = 153$.

- Calculons le nombre de BD qu'il va rapporter chez lui :

$255 - 153 = 102$.

Donc Hugo va rapporter **102 BD** chez lui.

SUJET 7

Asie • Juin 2019
Exercice 2 • 11 points

Les gaz à effet de serre

Le tableau ci-dessous présente les émissions de gaz à effet de serre pour la France et l'Union Européenne, en millions de tonnes équivalent CO_2, en 1990 et 2013.

	1990 (en millions de tonnes équivalent CO_2)	2013 (en millions de tonnes équivalent CO_2)
France	549,4	490,2
Union européenne	5 680,9	

Source : Agence européenne pour l'environnement, 2015.

▶ **1.** Entre 1990 et 2013, les émissions de gaz à effet de serre dans l'Union Européenne ont diminué de 21 %.
Quelle est la quantité de gaz à effet de serre émise en 2013 par l'Union Européenne ?
Donner une réponse à 0,1 million de tonnes équivalent CO_2 près.

▶ **2.** La France s'est engagée d'ici 2030 à diminuer de $\frac{2}{5}$ ses émissions de gaz à effet de serre par rapport à 1990.
Justifier que cela correspond pour la France à diminuer d'environ $\frac{1}{3}$ ses émissions de gaz à effet de serre par rapport à 2013.

LES CLÉS DU SUJET

■ **Points du programme**
Pourcentage • Fraction.

■ **Nos coups de pouce**
▶ **2.** Compare les quantités de gaz à effet de serre qui seraient produites dans chacun des cas.

CORRIGÉ 7

▶ **1.** Si la quantité de gaz à effet de serre baisse de 21 % entre 1990 et 2013 dans l'UE, elle devient :

RAPPEL
Pour calculer une baisse de x %, on multiplie la valeur initiale par $(1 - x\,\%)$.

$$5\,680{,}9 \times \left(1 - \frac{21}{100}\right) = 4\,487{,}9.$$

La quantité de gaz à effet de serre émise par l'UE en 2013 est d'environ 4 487,9 millions de tonnes équivalent CO_2.

▶ **2.** Si la France réduisait de $\frac{2}{5}$ ses émissions de 1990, la diminution des émissions de gaz à effet de serre en tonnes équivalent CO_2 serait de :

$$549{,}4 \times \frac{2}{5} = 219{,}76.$$

Or, $549{,}4 - 219{,}76 = 329{,}64$.

La France ne produirait alors plus que 329,64 millions de tonnes équivalent CO_2 de gaz à effet de serre.

Si la France réduisait de $\frac{1}{3}$ ses émissions de 2013, la diminution des émissions de gaz à effet de serre en tonnes équivalent CO_2 serait de :

$$490{,}2 \times \frac{1}{3} = 163{,}4.$$

Or, $490{,}2 - 163{,}4 = 326{,}8$.

La France ne produirait alors plus que 326,8 millions de tonnes équivalent CO_2 de gaz à effet de serre.

On constate que ces deux opérations donnent sensiblement les mêmes résultats.

SUJET 8

Centres étrangers • Juin 2019
Exercice 1 • 15 points

QCM très varié

Cet exercice est un questionnaire à choix multiples (QCM). Pour chaque question, une seule des trois réponses proposées est exacte. Une bonne réponse rapporte 3 points ; aucun point ne sera enlevé en cas de mauvaise réponse.

Questions	Réponse A	Réponse B	Réponse C
▶ **1.** Quelle est la décomposition en produit de facteurs premiers de 28 ?	4×7	2×14	$2^2 \times 7$
▶ **2.** Un pantalon coûte 58 €. Quel est son prix en € après une réduction de 20 % ?	38	46,40	57,80
▶ **3.** Quelle est la longueur en m du côté [AC], arrondie au dixième près ? (triangle rectangle en A, angle en B = 15°, BA = 25 m)	6,5	6,7	24,1
▶ **4.** Quelle est la médiane de la série statistique suivante ? 2 ; 5 ; 3 ; 12 ; 8 ; 6.	5,5	6	10
▶ **5.** Quel est le rapport de l'homothétie qui transforme le carré A en carré B ?	$-0,5$	$0,5$	2

Comparer, calculer et résoudre des problèmes — CORRIGÉ 8

LES CLÉS DU SUJET

■ Points du programme

Décomposition d'un nombre en un produit de facteurs premiers • Pourcentage • Trigonométrie • Médiane (statistiques) • Homothétie

■ Nos coups de pouce

▶ **1.** Recherche les plus petits nombres premiers diviseurs de 28.
▶ **2.** Calcule le montant de la réduction.
▶ **3.** Calcule $\tan \widehat{ABC}$.
▶ **4.** Applique la définition de la médiane d'une série statistique (voir le « Mémo du brevet »).
▶ **5.** Revois la définition et les propriétés de l'homothétie.

CORRIGÉ 8

▶ **1.** La bonne réponse est la réponse C.
En effet, nous avons $28 = 2 \times 2 \times 7$ ou encore $28 = 2^2 \times 7$.

▶ **2.** La bonne réponse est la réponse B.
En effet le montant de la réduction est $\dfrac{20}{100} \times 58$ soit 11,6 euros.
Après réduction le pantalon coûte donc $(58 - 11,6)$ soit 46,4 euros.

▶ **3.** La bonne réponse est la réponse B.
Dans le triangle ABC rectangle en A, nous avons $\tan \widehat{ABC} = \dfrac{AC}{AB}$ ou encore $AC = AB \tan \widehat{ABC}$.

> **RAPPEL**
> $\tan \widehat{ABC} = \dfrac{\text{côté opposé}}{\text{côté adjacent}}$

Alors $AC = 25 \tan(15°)$ soit $AC = 6,7$ m valeur arrondie au dixième près.

▶ **4.** La bonne réponse est la réponse A.
La médiane M d'une série statistique est la valeur qui partage la série statistique rangée par ordre croissant (ou décroissant) en deux parties de même effectif.
Série statistique rangée en ordre croissant : $2 - 3 - 5 - 6 - 8 - 12$.
Avant et après 5,5 il existe 3 termes. Donc $M = 5,5$.

Comparer, calculer et résoudre des problèmes **CORRIGÉ 8**

▶ **5.** La bonne réponse est la réponse A.
En effet :
• les points P, O et P′ sont alignés ;
• OP′ = 0,5 × OP ;
• le point O est situé sur le segment [PP′].

Le carré A est transformé en le carré B par une homothétie de rapport −0,5.

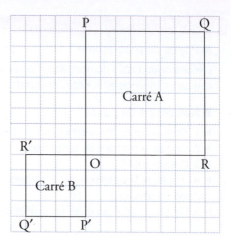

SUJET 9

France métropolitaine • Juin 2018
Exercice 3 • Série professionnelle • 21 points

Vrai ou faux avec justifications

Cet exercice contient 3 situations indépendantes accompagnées d'une affirmation.
Pour chacune des affirmations, dire si elle est vraie ou fausse (on pensera à justifier).

▶ **1.** Dans un bocal, il y a 15 bonbons bleus et 10 qui sont rouges. On prend un bonbon au hasard dans ce bocal
Affirmation : Il y a 60 % de chances que le bonbon soit bleu.

▶ **2.** Pendant la période des soldes, un vêtement est vendu 56,00 €. Le taux de remise correspond à 30 % du prix initial.
Affirmation : Ce vêtement avant les soldes était vendu 72,80 €.

▶ **3.** Un jardin de 50 m² est aménagé selon les proportions suivantes : $\frac{1}{2}$ est consacré à la culture des légumes, $\frac{1}{10}$ à celle des plantes aromatiques, $\frac{1}{4}$ est occupé par une serre servant aux semis, le reste est occupé par des fraisiers.
Affirmation : Les fraisiers occupent $\frac{3}{20}$ du jardin.

LES CLÉS DU SUJET

■ **Points du programme**

Nombres et calculs • Probabilité • Pourcentage • Proportionnalité.

■ **Nos coups de pouce**

▶ **1.** Utilise la formule $p = \frac{\text{nombre de résultats favorables}}{\text{nombre de résultats possibles}}$.

▶ **2.** Appelle x le prix du vêtement avant les soldes. Puis exprime le montant, en fonction de x, de la remise effectuée pendant les soldes, puis du prix pendant les soldes. Résous une équation et conclus.

▶ **3.** Exprime d'abord la fraction de jardin occupée par autre chose que les fraisiers.

CORRIGÉ 9

▶ **1.** Il y a 25 bonbons dans le bocal : 15 bleus et 10 rouges.
La probabilité p de tirer un bonbon bleu est $p = \dfrac{15}{25} = \dfrac{60}{100}$.
Conclusion : il y a 60 % de chances que le bonbon soit bleu.
L'affirmation est vraie.

▶ **2.** Soit x le prix du vêtement avant les soldes. Une remise de 30 % sur ce prix correspond à $\dfrac{30}{100}x$ soit $0{,}3x$. On en déduit que pendant les soldes ce vêtement était vendu $(x - 0{,}3x)$ c'est-à-dire $0{,}7x$.
Alors $0{,}7x = 56$ et $x = \dfrac{56}{0{,}7} = 80$.

Conclusion : le vêtement était vendu 80 euros avant les soldes.
L'affirmation est fausse.

▶ **3.** La fraction de jardin occupée par autre chose que des fraisiers est égale à $\dfrac{1}{2} + \dfrac{1}{10} + \dfrac{1}{4}$, c'est-à-dire $\dfrac{10}{20} + \dfrac{2}{20} + \dfrac{5}{20}$ ou encore $\dfrac{17}{20}$.
Conclusion : la fraction de jardin occupée par des fraisiers est donc : $1 - \dfrac{17}{20}$ soit $\dfrac{3}{20}$.

L'affirmation est vraie.

> **RAPPEL**
> Pour additionner des fractions, on les réduit au même dénominateur. Puis on additionne les numérateurs entre eux et on conserve le dénominateur commun.

SUJET 10

Polynésie française • Juillet 2019
Exercice 6 • 12 points

Les JO de Rio

Le tableau ci-dessous regroupe les résultats de la finale du 200 m hommes des Jeux Olympiques de Rio de Janeiro en 2016, remportée par Usain Bolt en 19,78 secondes.

Rang	Athlète	Nation	Performance en seconde
1	U. Bolt	Jamaïque	19,78
2	A. De Grasse	Canada	20,02
3	C. Lemaître	France	20,12
4	A. Gemili	Grande-Bretagne	20,12
5	C. Martina	Hollande	20,13
6	L. Merritt	USA	20,19
7	A. Edward	Panama	20,23
8	R. Guliyev	Turquie	20,43

▶ **1.** Calculer la vitesse moyenne en m/s de l'athlète le plus rapide. Arrondir au centième.

▶ **2.** Calculer la moyenne des performances des athlètes. Arrondir au centième.

▶ **3.** En 1964, à Tokyo, la moyenne des performances des athlètes sur le 200 m hommes était de 20,68 s et l'étendue était de 0,6 s. En comparant ces résultats à ceux de 2016, qu'observe-t-on ?

LES CLÉS DU SUJET

■ **Points du programme**

Vitesse moyenne • Gestion de données (moyenne et étendue).

■ **Nos coups de pouce**

▶ **1.** Pour calculer une vitesse moyenne, divise la distance parcourue par le temps.
▶ **3.** Calcule l'étendue en soustrayant la plus petite valeur prise à la plus grande.

CORRIGÉ 10

▶ **1.** Usain Bolt a parcouru 200 m en 19,78 s, d'où sa vitesse moyenne :
$$V = \frac{d}{t} = \frac{200}{19,78}.$$
Au centième près :
$$\boxed{V \approx 10,11 \text{ m/s}}.$$

▶ **2.**
$$\frac{19,78+20,02+20,12+20,12+20,13+20,19+20,23+20,43}{8} = 20,13$$
La moyenne des performances des athlètes est de 20,13 s environ.

▶ **3.** L'étendue des performances des athlètes aux JO de 2016 est :
$$20,43 - 19,78 = 0,65 \text{ s}.$$
On constate que l'étendue des performances des athlètes reste globalement stable, mais que leur vitesse moyenne a baissé entre 1964 et 2016.

Centres étrangers • Juin 2018
Exercice 1 • 14 points

Vrai ou faux ?

Pour chacune des affirmations suivantes, dire si elle est vraie ou fausse en justifiant soigneusement la réponse.

▶ **1.** La récolte de la lavande débute lorsque les trois quarts des fleurs au moins sont fanées. Le producteur a cueilli un échantillon de lavande représenté par le dessin suivant :

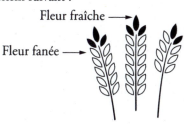

Affirmation 1 : la récolte peut commencer.

▶ **2.** En informatique, on utilise comme unités de mesure les multiples de l'octet :
1 ko = 10^3 octets, 1 Mo = 10^6 octets, 1 Go = 10^9 octets.
Contenu du disque dur externe :
– 1 000 photos de 900 ko chacune ;
– 65 vidéos de 700 Mo chacune.
Affirmation 2 : le transfert de la totalité du contenu du disque dur externe vers l'ordinateur n'est pas possible.

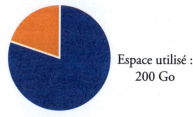

Capacité de l'ordinateur : 250 Go

Espace utilisé : 200 Go

▶ **3.** On considère le programme de calcul ci-dessous :
• Choisir un nombre.
• Ajouter 5.
• Multiplier le résultat obtenu par 2.
• Soustraire 9.
Affirmation 3 : ce programme donne pour résultat la somme de 1 et du double du nombre choisi.

Comparer, calculer et résoudre des problèmes **CORRIGÉ 11**

LES CLÉS DU SUJET

■ **Points du programme**

Pourcentages • Puissances.

■ **Nos coups de pouce**

▶ **1.** Calcule le pourcentage de fleurs fanées et compare-le à 75 %.
▶ **2.** Calcule l'espace utilisé sur le disque dur externe. Calcule la taille de l'espace libre sur l'ordinateur. Conclus.
▶ **3.** Effectue successivement et dans l'ordre indiqué les différents calculs du programme.

CORRIGÉ 11

▶ **1.** La récolte de lavande peut commencer lorsque les trois quarts des fleurs au moins, c'est-à-dire au moins 75 %, sont fanées.

Sur le dessin nous pouvons compter 37 fleurs dont 29 sont fanées.

Notons p le pourcentage de fleurs fanées.

Alors $p = \dfrac{29}{37} \times 100$ soit environ 78,4 %. Ce pourcentage est supérieur à 75 %. La récolte peut donc commencer.

Conclusion : l'affirmation 1 est vraie.

▶ **2.** Utilisons l'octet comme unité de mesure.
Calculons en octets l'espace utilisé sur le disque dur externe.

ATTENTION !
Il faut choisir une unité commune pour tous les calculs : l'octet, par exemple.

$C = 1\,000 \times 900 \times 10^3 + 65 \times 700 \times 10^6$

$ = 0,9 \times 10^9 + 45,5 \times 10^9$

$ = 46,4 \times 10^9$ octets,

soit $C = 46,4$ Go puisque 1 Go = 10^9 octets.

Calculons la taille de l'espace libre C' sur l'ordinateur.

$C' = 250 - 200$ soit $C' = 50$ Go. Nous remarquons que $C' > C$.

Conclusion : l'affirmation 2 est fausse.

Comparer, calculer et résoudre des problèmes **CORRIGÉ 11**

▶ **3.** Choisissons le nombre x.
- On lui ajoute 5 : on obtient $x + 5$.
- On multiplie le résultat par 2 : on trouve $2(x + 5)$, soit $2x + 10$.
- On soustrait 9 : on obtient $2x + 1$.

Le résultat final est bien égal à la somme de 1 et du double du nombre choisi.

Conclusion : l'affirmation 3 est vraie.

SUJET 12

Pondichéry • Mai 2018
Exercice 3 • 9 points

QCM à 3 questions

Cet exercice est un QCM (questionnaire à choix multiples). Pour chaque question, une seule des quatre réponses proposées est exacte. Indiquer la bonne réponse parmi celles qui sont proposées.

On ne demande pas de justifier. Aucun point ne sera enlevé en cas de mauvaise réponse.

Pour chacune des trois questions, écrire sur votre copie le numéro de la question et la lettre correspondant à la bonne réponse.

		Réponse a	Réponse b	Réponse c	Réponse d
1	$2{,}53 \times 10^{15} =$	2,530 000 000 000 000 00	2 530 000 000 000 000	253 000 000 000 000 000	37,95
2	La latitude de l'équateur est :	0°	90° est	90° nord	90° sud
3	$\dfrac{\dfrac{2}{3}+\dfrac{5}{6}}{7} =$	$\dfrac{3}{14}$	$\dfrac{1}{9}$	0,214 285 714	0,111 111 111

LES CLÉS DU SUJET

■ **Points du programme**

Puissances • Fractions • Repérage sur une sphère.

■ **Nos coups de pouce**

▶ **1.** Tu sais que $2{,}53 \times 10^{15} = 253 \times 10^{13}$. Alors $2{,}53 \times 10^{15}$ s'écrit 253 suivi de 13 zéros.

▶ **2.** L'équateur est un grand cercle de la sphère perpendiculaire à l'axe de rotation de celle-ci.

▶ **3.** Applique les règles de calcul sur les fractions.

CORRIGÉ 12

▶ **1.** Notons $A = 2,53 \times 10^{15}$. Nous avons :
$A = 253 \times 10^{13}$ soit
$A = 2\,530\,000\,000\,000\,000$.
La bonne réponse est la réponse b.

> **RAPPEL**
> Si n est un entier strictement positif, 10^n s'écrit 1 suivi de n zéros.

▶ **2.** La latitude de l'équateur est 0°.
La bonne réponse est la réponse a.

▶ **3.** Notons $B = \dfrac{2}{3} + \dfrac{5}{6}$ et $C = \dfrac{\frac{2}{3} + \frac{5}{6}}{7}$. Réduisons B au même dénominateur.

$B = \dfrac{2}{3} + \dfrac{5}{6} = \dfrac{2 \times 2}{3 \times 2} + \dfrac{5}{6} = \dfrac{9}{6} = \dfrac{3}{2}$.

Pour diviser une fraction par un nombre, on multiplie le dénominateur de la fraction par ce nombre :

$C = \dfrac{\frac{3}{2}}{7} = \dfrac{3}{2 \times 7} = \dfrac{3}{14}$.

La bonne réponse est la réponse a.

SUJET 13

Amérique du Nord • Juin 2018
Exercice 1 • 14 points

Abonnements Internet

Le tableau ci-dessous a été réalisé à l'aide d'un tableur.
Il indique le nombre d'abonnements Internet à haut débit et à très haut débit entre 2014 et 2016, sur réseau fixe, en France.

	A	B	C	D
1		2014	2015	2016
2	Nombre d'abonnements Internet à haut débit (en millions)	22,855	22,63	22,238
3	Nombre d'abonnements Internet à très haut débit (en millions)	3,113	4,237	5,446
4	Total (en millions)	25,968	26,867	27,684

Sources : Arcep et Statistica.

▶ **1.** Combien d'abonnements Internet à très haut débit, en millions, ont été comptabilisés pour l'année 2016 ?

▶ **2.** Vérifier qu'en 2016, il y avait 817 000 abonnements Internet à haut débit et à très haut débit de plus qu'en 2015.

▶ **3.** Quelle formule a-t-on pu saisir dans la cellule B4 avant de la recopier vers la droite, jusqu'à la cellule D4 ?

▶ **4.** En 2015, seulement 5,6 % des abonnements Internet à très haut débit utilisaient la fibre optique. Quel nombre d'abonnements Internet à très haut débit cela représentait-il ?

LES CLÉS DU SUJET

■ **Points du programme**

Lecture de tableau • Tableur • Pourcentage • Connaissance des grands nombres.

■ **Nos coups de pouce**

▶ **4.** Prendre un pourcentage d'une quantité, c'est multiplier ce pourcentage par la quantité.

Comparer, calculer et résoudre des problèmes — CORRIGÉ 13

CORRIGÉ 13

▶ **1.** Il y a eu $\boxed{5\ 446\ 000}$ abonnements Internet très haut débit en 2016.

▶ **2.** En 2016, il y a eu 27 684 000 − 26 867 000 = $\boxed{817\ 000}$ abonnements haut et très haut débit de plus qu'en 2015.

▶ **3.** On a tapé la formule : $\boxed{= B2 + B3}$.

▶ **4.** Il y a eu $\dfrac{5{,}6}{100} \times 4\ 237\ 000 = \boxed{237\ 272}$

ATTENTION !
Une formule de tableur commence par un « = ».

abonnements très haut débit qui utilisaient la fibre optique en 2015.

Les diviseurs premiers

▶ **1.** Le nombre 588 peut se décomposer sous la forme $588 = 2^2 \times 3 \times 7^2$. Quels sont ses diviseurs premiers, c'est-à-dire les nombres qui sont à la fois des nombres premiers et des diviseurs, de 588 ?

▶ **2. a)** Déterminer la décomposition en facteurs premiers de 27 000 000.
b) Quels sont ses diviseurs premiers ?

▶ **3.** Déterminer le plus petit nombre entier positif impair qui admet trois diviseurs premiers différents. Expliquer votre raisonnement.

LES CLÉS DU SUJET

■ **Points du programme**

Diviseurs • Nombres premiers • Décomposition en produit de facteurs premiers.

■ **Nos coups de pouce**

▶ **2.** Décompose 27 000 000 en produit de facteurs premiers.

CORRIGÉ 14

▶ **1.** Les diviseurs premiers de 588 sont : $\boxed{2\ ;\ 3\ \text{et}\ 7}$

▶ **2. a)**
$$27\ 000\ 000 = 2^6 \times 421\ 875$$
$$= 2^6 \times 3^3 \times 15\ 625$$
$$= \boxed{2^6 \times 3^3 \times 5^6}$$

b) Ses diviseurs premiers sont donc : $\boxed{2\ ;\ 3\ ;\ 5}$

▶ **3.** Si l'on choisit 2 comme facteur premier alors, quels que soient les deux autres facteurs premiers choisis, le produit de ces trois nombres sera pair.

Or le nombre cherché est impair. Donc il faut choisir les trois plus petits nombres premiers non pairs, c'est-à-dire : 3 ; 5 et 7.

Donc le plus petit nombre impair obtenu comme produit de trois nombres premiers est : $3 \times 5 \times 7 = 105$.

> **RAPPEL**
> Le produit de deux nombres impairs est impair ; le produit d'un nombre pair par un nombre impair reste pair.

SUJET 15

Amérique du Sud • Novembre 2017
Exercice 4 • 7,5 points

Affirmations

Indiquer, en justifiant, si chacune des affirmations suivantes est vraie ou fausse.

▶ **1. Affirmation 1** : « Les nombres 11 et 13 n'ont aucun multiple commun. »

▶ **2. Affirmation 2** : « Le nombre 231 est un nombre premier. »

▶ **3. Affirmation 3** : « $\frac{2}{15}$ est le tiers de $\frac{6}{15}$. »

▶ **4. Affirmation 4** : « $15 - 5 \times 7 + 3 = 73$. »

▶ **5. Affirmation 5** : « Le triangle ABC avec AB = 4,5 cm, BC = 6 cm et AC = 7,5 cm est rectangle en B. »

LES CLÉS DU SUJET

■ **Points du programme**

Arithmétique • Fractions • Nombres relatifs • Réciproque du théorème de Pythagore.

■ **Nos coups de pouce**

▶ **2.** Un nombre est premier s'il n'admet comme diviseurs que 1 et lui-même.

▶ **4.** Attention aux signes et priorités opératoires !

▶ **5.** Pense à la réciproque du théorème de Pythagore.

Utiliser la divisibilité et les nombres premiers **CORRIGÉ 15**

CORRIGÉ 15

▶ **1.** Affirmation fausse.

$11 \times 13 = 143$ est un nombre à la fois dans la table des 11 et dans la table des 13.

143 est donc un multiple commun à 11 et 13.

▶ **2.** Affirmation fausse.

La somme des chiffres de 231 donne : $2 + 3 + 1 = 6$.

Puisque 6 est un multiple de 3, les critères de divisibilité permettent de dire que 231 l'est aussi. Donc 231 a un diviseur autre que 1 et lui-même et il n'est pas premier.

> **RAPPEL**
> Pense aux critères de divisibilité.

▶ **3.** Affirmation vraie.

$\dfrac{6}{15} \times \dfrac{1}{3} = \dfrac{2}{15}$.

▶ **4.** Affirmation fausse.

$15 - 5 \times 7 + 3 = 15 - 35 + 3 = -20 + 3 = -17$.

▶ **5.** Affirmation vraie.

[AC] est le plus grand côté.

$AC^2 = 7{,}5^2 = 56{,}25$

$AB^2 + BC^2 = 4{,}5^2 + 6^2 = 20{,}25 + 36 = 56{,}25$

Donc : $AB^2 + BC^2 = AC^2$.

Ainsi d'après la réciproque du théorème de Pythagore, ABC est rectangle en B.

> **ATTENTION**
> N'oublie pas de séparer les calculs dans la rédaction de la réciproque du théorème de Pythagore.

SUJET 16

Nouvelle-Calédonie • Décembre 2017
Exercice 5 • 4 points

Coquillages et poissons

Dans cet exercice, toute trace de recherche, même incomplète ou non fructueuse, sera prise en compte dans l'évaluation.

– Aurel : Belle pêche ! Combien de poissons et de coquillages vas-tu pouvoir vendre au marché ?
– Antoine : En tout, je vais pouvoir vendre au marché 30 poissons et 500 coquillages.

Antoine est un pêcheur professionnel.
Il veut vendre des paniers contenant des coquillages et des poissons.
Il souhaite concevoir le plus grand nombre possible de paniers identiques.
Enfin, il voudrait qu'il ne lui reste aucun coquillage et aucun poisson dans son congélateur.

▶ **1.** Combien de paniers au maximum Antoine pourra-t-il concevoir ? Justifier.

▶ **2.** Quelle sera la composition de chaque panier ? Justifier.

LES CLÉS DU SUJET

■ **Point du programme**
PGCD.

■ **Nos coups de pouce**
▶ **1.** Calcule PGCD (30 ; 500).

CORRIGÉ 16

▶ **1.** Antoine veut vendre des paniers en utilisant tous les coquillages et tous les poissons.

On cherche donc un diviseur commun à 30 et 500.

Antoine veut aussi vendre un maximum de paniers identiques.

On cherche donc le plus grand diviseur commun à 30 et 500.

Décomposons 30 et 500 en produits de facteurs premiers :

$30 = 2 \times 15$	$500 = 2 \times 250$
$ = 2 \times 3 \times 5$	$ = 2 \times 2 \times 125$
	$ = 2 \times 2 \times 5 \times 25$
	$ = 2 \times 2 \times 5 \times 5 \times 5$
	$ = 2^2 \times 5^3$

REMARQUE
Tu aurais aussi pu utiliser l'algorithme d'Euclide pour calculer PGCD(30 ; 500).

Donc : PGCD(30 ; 500) = $2 \times 5 = 10$.

Finalement, Antoine fera au maximum 10 paniers.

▶ **2.** $30 \div 10 = 3$
$500 \div 10 = 50$

Chaque panier sera donc composé de 3 poissons et 50 coquillages.

SUJET 17

France métropolitaine • Septembre 2019
Exercice 2 • 14 points

Décompositions

▶ **1. a)** Déterminer la décomposition en produit de facteurs premiers de 2 744.
b) En déduire la décomposition en produit de facteurs premiers de $2\,744^2$.
c) À l'aide de cette décomposition, trouver x tel que $x^3 = 2\,744^2$.

▶ **2.** Soient a et b deux nombres entiers supérieurs à 2 tels que $a^3 = b^2$.
a) Calculer b lorsque $a = 100$.
b) Déterminer deux nombres entiers a et b supérieurs à 2 et inférieurs à 10 qui vérifient l'égalité $a^3 = b^2$.

LES CLÉS DU SUJET

■ **Points du programme**

Décomposition en produit de facteurs premiers • Puissances • Tableau de valeurs.

■ **Nos coups de pouce**

▶ **1. c)** Utilise les propriétés des puissances :
$(2^3 \times 7^3)^2 = (2^3)^2 \times (7^3)^2 = 2^{3 \times 2} \times 7^{3 \times 2} = (2^2)^3 \times (7^2)^3 = (2^2 \times 7^2)^3$.

▶ **2. b)** Dresse un tableau de tous les résultats possibles lorsque a et b sont compris entre 2 et 10.

CORRIGÉ 17

▶ **1. a)** $2\,744 = 2 \times 2 \times 2 \times 343 = 2^3 \times 7 \times 7 \times 7$

D'où :
$$\boxed{2\,744 = 2^3 \times 7^3}.$$

b) D'après **a)** :
$$2\,744^2 = (2^3 \times 7^3)^2$$
$$\boxed{2\,744^2 = 2^6 \times 7^6}.$$

c) Soit x tel que $x^3 = 2\,744^2$, alors :
$$x^3 = (2^3 \times 7^3)^2 = (2^2 \times 7^2)^3$$

donc :
$$\boxed{x = 2^2 \times 7^2 = 196}.$$

▶ **2. a)** Si $a^3 = b^2$ avec $a = 100$ et $b > 2$, alors :
$$100^3 = b^2$$
$$b^2 = 1\,000\,000$$
$$b = \sqrt{1\,000\,000}$$
$$\boxed{b = 1\,000}.$$

b) Dressons un tableau de tous les cas possibles :

Valeur de a	Valeur de a^3	Valeur de b	Valeur de b^2
2	8	2	4
3	27	3	9
4	64	4	16
5	125	5	25
6	216	6	36
7	343	7	49
8	512	8	64
9	729	9	81
10	1 000	10	100

Donc les valeurs qui conviennent sont :
$$\boxed{a = 4 \text{ et } b = 8}.$$

Les barquettes de nems et samossas

▶ **1.** Décomposer les nombres 162 et 108 en produits de facteurs premiers.

▶ **2.** Déterminer deux diviseurs communs aux nombres 162 et 108 plus grands que 10.

▶ **3.** Un snack vend des barquettes composées de nems et de samossas.
Le cuisinier a préparé 162 nems et 108 samossas.
Dans chaque barquette :
– le nombre de nems doit être le même ;
– le nombre de samossas doit être le même.
Tous les nems et tous les samossas doivent être utilisés.
a) Le cuisinier peut-il réaliser 36 barquettes ?
b) Quel nombre maximal de barquettes pourra-t-il réaliser ?
c) Dans ce cas, combien y aura-t-il de nems et de samossas dans chaque barquette ?

LES CLÉS DU SUJET

■ **Points du programme**

Diviseurs • PGCD de deux entiers • Décomposition en produit de facteurs premiers.

■ **Nos coups de pouce**

▶ **2.** Regarde quels sont les facteurs premiers communs à 162 et 108.

CORRIGÉ 18

▶ **1.** $162 = 2 \times 81 = \boxed{2 \times 3^4}$
$108 = \boxed{2^2 \times 3^3}$

▶ **2.** Les diviseurs communs à 162 et 108 supérieurs à 10 sont :
$2 \times 3^2 = \boxed{18}$; $3^3 = \boxed{27}$ et $2 \times 3^3 = \boxed{54}$

a) 36 n'est pas un diviseur de 162 donc le cuisinier ne peut pas réaliser 36 barquettes.

b) Tous les nems et samossas doivent être utilisés donc on cherche un diviseur commun à 162 et 108.

Mais le cuisinier veut un nombre maximal de barquettes donc on cherche le plus grand diviseur commun à 162 et 108.

D'après la question **2.**, ce plus grand diviseur est 54.

Donc le cuisinier pourra réaliser 54 barquettes.

c) Dans chaque barquette, il y aura $\dfrac{162}{54} = 3$ nems et $\dfrac{108}{54} = 2$ samossas.

Schémas de calcul

La figure ci-dessous donne un schéma d'un programme de calcul.

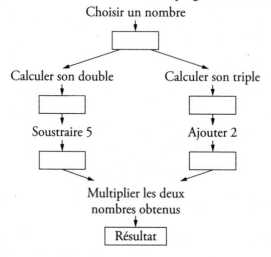

▶ **1.** Si le nombre de départ est 1, montrer que le résultat obtenu est –15.

▶ **2.** Si on choisit un nombre quelconque x comme nombre de départ, parmi les expressions suivantes, quelle est celle qui donne le résultat obtenu par le programme de calcul ? Justifier.
$A = (x^2 - 5) \times (3x + 2)$
$B = (2x - 5) \times (3x + 2)$
$C = 2x - 5 \times 3x + 2$

▶ **3.** Lily prétend que l'expression $D = (3x + 2)^2 - (x + 7)(3x + 2)$ donne les mêmes résultats que l'expression B pour toutes les valeurs de x.
L'affirmation de Lily est-elle vraie ? Justifier.

Utiliser le calcul littéral **CORRIGÉ 19**

LES CLÉS DU SUJET

■ **Points du programme**

Programmes de calculs • Distributivité double et réduction • Identité remarquable.

■ **Nos coups de pouce**

▶ **1.** Applique chaque étape du programme puis multiplie les deux résultats obtenus.

CORRIGÉ 19

▶ **1.**

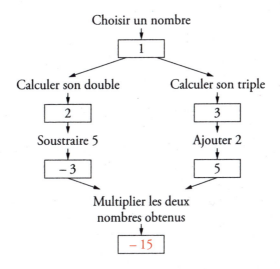

▶ **2.** Le résultat que l'on obtient est : $B = (2x - 5)(3x + 2)$.

▶ **3.** $D = (3x + 2)^2 - (x + 7)(3x + 2)$
$= 9x^2 + 12x + 4 - (3x^2 + 2x + 21x + 14)$
$= 9x^2 + 12x + 4 - 3x^2 - 23x - 14$
$= 6x^2 - 11x - 10$
$B = (2x - 5)(3x + 2) = 6x^2 + 4x - 15x - 10$
$= 6x^2 - 11x - 10$

Donc l'affirmation de Lily est vraie.

RAPPEL
Lorsqu'il y a un signe « – » devant une parenthèse, on change les signes des termes dans la parenthèse.

Programme de calcul et tableur

On considère le programme de calcul :

> - Choisir un nombre.
> - Prendre le carré de ce nombre.
> - Ajouter le triple du nombre de départ.
> - Ajouter 2.

▶ **1.** Montrer que si on choisit 1 comme nombre de départ, le programme donne 6 comme résultat.

▶ **2.** Quel résultat obtient-on si on choisit -5 comme nombre de départ ?

▶ **3.** On appelle x le nombre de départ, exprimer le résultat du programme en fonction de x.

▶ **4.** Montrer que ce résultat peut aussi s'écrire sous la forme $(x+2)(x+1)$ pour toutes les valeurs de x.

▶ **5.** La feuille du tableur suivante regroupe des résultats du programme de calcul précédent.

	A	B	C	D	E	F	G	H	I	J
1	x	-4	-3	-2	-1	0	1	2	3	4
2	$(x+2)(x+1)$	6	2	0	0	2	6	12	20	30

a) Quelle formule a été écrite dans la cellule B2 avant de l'étendre jusqu'à la cellule J2 ?

b) Trouver les valeurs de x pour lesquelles le programme donne 0 comme résultat.

Utiliser le calcul littéral **CORRIGÉ 20**

LES CLÉS DU SUJET

■ **Points du programme**

Calculs numériques • Développements • Tableur • Résolution d'une équation produit

■ **Nos coups de pouce**

▶ **1., 2.** et **3.** Effectue les différents calculs en respectant bien l'ordre dans lequel ils sont demandés.

▶ **4.** Développe l'expression $(x+2)(x+1)$.

▶ **5. b)** Résous l'équation $(x+2)(x+1) = 0$.

CORRIGÉ 20

▶ **1.** On choisit 1 comme nombre de départ. On élève au carré. On obtient 1. On ajoute le triple du nombre de départ, c'est-à-dire 3, et on obtient 4. On ajoute 2 et on obtient $\boxed{6}$.

▶ **2.** On choisit -5 comme nombre de départ. On élève au carré. On obtient 25. On ajoute le triple du nombre de départ, c'est-à-dire -15, et on obtient 10. On ajoute 2 et on obtient $\boxed{12}$.

▶ **3.** On choisit x comme nombre de départ. On élève au carré. On obtient x^2. On ajoute le triple du nombre de départ, c'est-à-dire $3x$, et on obtient $x^2 + 3x$.

On ajoute 2 et on obtient $\boxed{x^2 + 3x + 2}$.

▶ **4.** Posons $E = (x+2)(x+1)$.
Alors $E = x^2 + 2x + x + 2$ soit $E = x^2 + 3x + 2$.
Donc le résultat de la question **3.** peut encore s'écrire $(x+2)(x+1)$.

▶ **5. a)** La formule écrite dans B2 est $\boxed{=(B1+2)*(B1+1)}$.

b) Résolvons l'équation $E = 0$ c'est-à-dire $(x+2)(x+1) = 0$.
Puisque nous avons un produit de facteurs nul, alors l'un au moins des facteurs est nul.
$x + 2 = 0$ soit $x = -2$ ou $x + 1 = 0$ soit $x = -1$.

Conclusion : si on choisit $\boxed{-2 \text{ ou } -1}$ comme nombre de départ, alors on trouve 0 comme résultat.

Calcul littéral

Voici un programme de calcul :

- Choisir un nombre
- Multiplier ce nombre par 4
- Ajouter 8
- Multiplier le résultat par 2

▶ **1.** Vérifier que si on choisit le nombre −1, ce programme donne 8 comme résultat final.

▶ **2.** Le programme donne 30 comme résultat final, quel est le nombre choisi au départ ?

Dans la suite de l'exercice, on nomme x le nombre choisi au départ.

▶ **3.** L'expression $A = 2(4x + 8)$ donne le résultat du programme de calcul précédent pour un nombre x donné.
On pose $B = (4 + x)^2 − x^2$.
Prouver que les expressions A et B sont égales pour toutes les valeurs de x.

▶ **4.** Pour chacune des affirmations suivantes, indiquer si elle est vraie ou fausse. On rappelle que les réponses doivent être justifiées.
- **Affirmation 1** : Ce programme donne un résultat positif pour les valeurs de x.
- **Affirmation 2** : Si le nombre x choisi est un nombre entier, le résultat obtenu est un multiple de 8.

LES CLÉS DU SUJET

■ **Points du programme**

Développements • Calculs numériques.

■ **Nos coups de pouce**

▶ **4. a)** Il suffit de trouver un contre-exemple pour prouver qu'un résultat est faux.

CORRIGÉ 21

▶ **1.** $((-1) \times 4 + 8) \times 2 = 4 \times 2 = 8$.

On obtient bien 8 en prenant comme nombre de départ -1.

▶ **2.** On « remonte » le programme :
$(30 \div 2 - 8) \div 4 = (15 - 8) \div 4 = 7 \div 4 = 1{,}75$.

Il faut prendre 1,75 comme nombre de départ pour obtenir 30.

▶ **3.** Développons chaque expression :

> **RAPPEL**
> $(4 + x)^2 = (4 + x)(4 + x)$.

$$A = 2(4x + 8) = 8x + 16$$
$$B = (4 + x)^2 - x^2 = 16 + 8x + x^2 - x^2 = 8x + 16$$

Donc A et B sont égaux.

▶ **4. a)** L'affirmation 1 est fausse.

Il suffit de prendre le nombre -3, on a :

$((-3) \times 4 + 8) \times 2 = (-12 + 8) \times 2 = -4 \times 2 = -8$.

Le résultat obtenu est négatif.

b) L'affirmation 2 est vraie.

Le programme s'écrit $8x + 16$ ce qui se factorise en $8(x + 2)$.

Donc les résultats obtenus sont tous multiples de 8.

SUJET 22

France métropolitaine • Juin 2017
Exercice 5 • 8 points

Vitesse et calcul littéral

▶ **1.** Lors des Jeux Olympiques de Rio en 2016, la danoise Pernille Blume a remporté le 50 m à la nage libre en 24,07 secondes.
A-t-elle nagé plus rapidement qu'une personne qui se déplace en marchant vite, c'est-à-dire à 6 km/h ?

▶ **2.** On donne l'expression $E = (3x + 8)^2 - 64$.
a) Développer E.
b) Montrer que E peut s'écrire sous forme factorisée : $3x(3x + 16)$.
c) Résoudre l'équation $(3x + 8)^2 - 64 = 0$.

▶ **3.** La distance d de freinage d'un véhicule dépend de sa vitesse et de l'état de la route.
On peut la calculer à l'aide de la formule suivante : $d = k \times V^2$
avec :
• d : distance de freinage en m ;
• V : vitesse du véhicule en m/s ;
• k : coefficient dépendant de l'état de la route
$\begin{cases} k = 0{,}14 \text{ sur route mouillée} \\ k = 0{,}08 \text{ sur route sèche} \end{cases}$

Quelle est la vitesse d'un véhicule dont la distance de freinage sur route mouillée est égale à 15 m ?

LES CLÉS DU SUJET

■ **Points du programme**

Conversions de vitesses • Calcul littéral • Équation produit.

■ **Nos coups de pouce**

▶ **1.** Pour calculer une vitesse, divise la distance parcourue par le temps mis pour parcourir cette distance.
▶ **3. c)** Pense à utiliser l'expression de E trouvée au **3. b)**. pour résoudre l'équation.

Utiliser le calcul littéral **CORRIGÉ 22**

CORRIGÉ 22

▶ **1.** La nageuse danoise a parcouru 50 m en 24,07 s.

Donc sa vitesse était de : $v = \dfrac{d}{t} = \dfrac{50}{24,07} \approx \boxed{2,08 \text{ m/s}}$

Si une personne marche à 6 km/h alors elle parcourt 6 000 m par heure, soit $\dfrac{6\,000}{3\,600}$ m par seconde.

RAPPEL
- 1 h = 3 600 s ;
- 1 km = 1 000 m.

Donc sa vitesse est d'environ $\boxed{1,7 \text{ m/s}}$.

En conclusion, la nageuse s'est déplacée plus rapidement que le marcheur.

▶ **2. a)** $E = (3x + 8)(3x + 8) - 64$
$E = 9x^2 + 24x + 24x + 64 - 64$
$\boxed{E = 9x^2 + 48x}$

b) On observe, dans l'expression développée de E, que 3 et x sont des facteurs communs aux deux termes. Donc $\boxed{E = 3x(3x + 16)}$

REMARQUE
On pourrait aussi développer l'expression $3x(3x + 16)$ et montrer qu'elle est égale à l'expression développée au 2. a).

c) Résoudre $(3x + 8)^2 - 64 = 0$ revient à résoudre : $3x(3x + 16) = 0$.

C'est une équation produit.

Or, si un produit de facteurs est nul alors l'un au moins de ses facteurs est nul. Donc $3x = 0$ ou $3x + 16 = 0$, soit $x = 0$ ou $3x = -16$, c'est-à-dire $x = -\dfrac{16}{3}$.

L'ensemble des solutions de l'équation est donc $\boxed{S = \left\{0\,;\,-\dfrac{16}{3}\right\}}$

▶ **3.** D'après la formule fournie, on a : $V^2 = \dfrac{d}{k} = \dfrac{15}{0,14}$.

Donc $V = \sqrt{\dfrac{15}{0,14}} \approx \boxed{10,4 \text{ m/s}}$

Tableur et programme de calcul

Voici deux programmes de calcul :
Programme de calcul ①
- Soustraire 5
- Multiplier par 4

Programme de calcul ②
- Multiplier par 6
- Soustraire 20
- Soustraire le double du nombre de départ

▶ **1. a)** Quel résultat obtient-on quand on applique le programme de calcul ① au nombre 3 ?
b) Quel résultat obtient-on quand on applique le programme de calcul ② au nombre 3 ?

▶ **2.** Démontrer qu'en choisissant le nombre –2, les deux programmes donnent le même résultat.

▶ **3.** On décide de réaliser davantage d'essais. Pour cela, on utilise un tableur et on obtient la copie d'écran suivante :

	A	B	C
1	Nombre choisi	Résultat avec le programme①	Résultat avec le programme②
2	0	– 20	– 20
3	1	– 16	– 16
4	2	– 12	– 12
5	3	– 8	– 8
6	4		
7	5		
8	6		

Quelle formule a-t-on pu saisir dans la cellule B2 avant de la recopier vers le bas, jusqu'à la cellule B5 ?

▶ **4.** Les résultats affichés dans les colonnes B et C sont égaux. Lucie pense alors que, pour n'importe quel nombre choisi au départ, les deux programmes donnent toujours le même résultat.
Démontrer que Lucie a raison.

Utiliser le calcul littéral **CORRIGÉ 23**

LES CLÉS DU SUJET

■ **Points du programme**

Programmes de calcul • Distributivité simple et réduction.

■ **Nos coups de pouce**

▶ **1.** Calcule chaque programme en prenant comme nombre de départ 3.

CORRIGÉ 23

▶ **1. a)** $(3-5) \times 4 = -2 \times 4 = -8$

Avec le programme ①, avec 3 on trouve –8.

b) $3 \times 6 - 20 - 2 \times 3 = 18 - 20 - 6 = -8$

Avec le programme ②, avec 3 on trouve –8.

▶ **2.** Programme ① : $(-2-5) \times 4 = -7 \times 4 = -28$

Programme ② : $(-2) \times 6 - 20 - 2 \times (-2) = -12 - 20 + 4 = -28$

Donc avec les deux programmes, pour $x = -2$ on trouve le même résultat.

▶ **3.** On a saisi la formule $\boxed{=(A2-5)*4}$.

▶ **4.** Programme ① : $(x-5) \times 4 = 4x - 20$

Programme ② : $x \times 6 - 20 - 2x = 4x - 20$

Donc les deux programmes donnent, avec le même nombre pris au départ, le même résultat.

Le hand spinner

Le *hand spinner* est une sorte de toupie plate qui tourne sur elle-même.
On donne au *hand spinner* une vitesse de rotation initiale au temps $t = 0$, puis, au cours du temps, sa vitesse de rotation diminue jusqu'à l'arrêt complet du *hand spinner*. Sa vitesse de rotation est alors égale à 0. Grâce à un appareil de mesure, on a relevé la vitesse de rotation exprimée en nombre de tours par seconde.

Sur le graphique ci-dessous, on a représenté cette vitesse en fonction du temps exprimé en secondes :

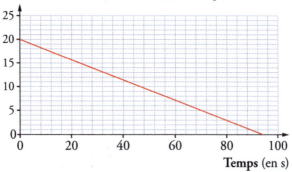

D'après www.sciencesetavenir.fr

▶ **1.** Le temps et la vitesse de rotation du *hand spinner* sont-ils proportionnels ? Justifier.

▶ **2.** Par lecture graphique, répondre aux questions suivantes :
a) Quelle est la vitesse de rotation initiale du *hand spinner* (en nombre de tours par seconde) ?
b) Quelle est la vitesse de rotation du *hand spinner* (en nombre de tours par seconde) au bout de 1 minute et 20 secondes ?
c) Au bout de combien de temps le *hand spinner* va-t-il s'arrêter ?

▶ 3. Pour calculer la vitesse de rotation du *hand spinner* en fonction du temps t, notée $V(t)$, on utilise la fonction suivante :
$$V(t) = -0{,}214 \times t + V_{\text{initiale}}.$$
• t est le temps (exprimé en s) qui s'est écoulé depuis le début de rotation du *hand spinner*.
• V_{initiale} est la vitesse de rotation à laquelle on a lancé le *hand spinner* au départ.

a) On lance le *hand spinner* à une vitesse initiale de 20 tours par seconde. Sa vitesse de rotation est donc donnée par la formule : $V(t) = -0{,}214 \times t + 20$. Calculer sa vitesse de rotation au bout de 30 s.

b) Au bout de combien de temps le *hand spinner* va-t-il s'arrêter ? Justifier par un calcul.

c) Est-il vrai que, d'une manière générale, si l'on fait tourner le *hand spinner* deux fois plus vite au départ, il tournera deux fois plus longtemps ? Justifier.

LES CLÉS DU SUJET

■ **Points du programme**

Lecture de courbe • Équation du premier degré à une inconnue.

■ **Nos coups de pouce**

▶ **3. b)** Pense à résoudre une équation bien choisie.

CORRIGÉ 24

▶ **1.** Le temps et la vitesse de rotation ne sont pas proportionnels car la droite ne passe pas par l'origine.

▶ **2. a)** La vitesse initiale de rotation du *hand spinner* est de 20 tours par seconde.

b) 1 min 20 s = 80 s.
La vitesse de rotation du *hand spinner* est de 3 tours par seconde.

ATTENTION !
Sur l'axe des abscisses, 1 carreau correspond à 4 s.

c) Le *hand spinner* s'arrête au bout de 94 s.

▶ **3. a)** $V(30) = -0{,}214 \times 30 + 20 = 13{,}58$ tours par seconde.
La vitesse de rotation du *hand spinner*, au bout de 30 s, est de
$\boxed{13{,}58 \text{ tours par seconde}}$.

b) Il s'agit de résoudre l'équation :
$$-0{,}214x + 20 = 0$$
$$-0{,}214x = -20$$
$$x = \frac{-20}{-0{,}214} \approx 93{,}5$$

Le *hand spinner* s'arrête au bout d'environ $\boxed{93{,}5 \text{ s}}$.

c) Si la vitesse au départ est V_{initiale}, d'après la question précédente, le *hand spinner* s'arrête au bout de x secondes avec :
$-0{,}214x + V_{\text{initiale}} = 0$.

Soit $x = \dfrac{V_{\text{initiale}}}{0{,}214}$.

Si on double la vitesse au départ, elle vaut $2 \times V_{\text{initiale}}$, et le *hand spinner* s'arrête au bout de : $x_{\text{double}} = \dfrac{2 \times V_{\text{initiale}}}{0{,}214} = 2 \times x$.

Le *hand spinner* mettra bien 2 fois plus de temps pour s'arrêter.

Amérique du Nord • Juin 2018
Exercice 7 • 15 points

Questions indépendantes

Les trois questions suivantes sont indépendantes.

▶ **1.** $A = 2x(x-1) - 4(x-1)$.
Développer et réduire l'expression A.

▶ **2.** Montrer que le nombre -5 est une solution de l'équation $(2x+1) \times (x-2) = 63$.

▶ **3.** On considère la fonction f définie par $f(x) = -3x + 1{,}5$.
a) Parmi les deux graphiques ci-dessous, quel est celui qui représente la fonction f ?
b) Justifiez votre choix.

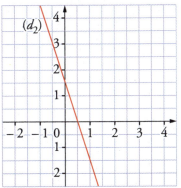

Graphique A   **Graphique B**

LES CLÉS DU SUJET

■ Points du programme

Distributivité simple • Substitution • Représentation graphique de fonctions affines.

■ Nos coups de pouce

▶ **3.** Comment retrouve-t-on graphiquement le coefficient directeur et l'ordonnée à l'origine d'une fonction affine ?

CORRIGÉ 25

▶ **1.** $A = 2x(x - 1) - 4(x - 1)$
$A = 2x^2 - 2x - 4x + 4$
$A = \boxed{2x^2 - 6x + 4}$

▶ **2.** Remplaçons x par -5 dans le membre de gauche et montrons que l'on obtient 63 :
$(2 \times (-5) + 1) \times (-5 - 2) = (-10 + 1) \times (-7)$
$= -9 \times (-7)$
$= 63.$

ATTENTION !
Le produit de deux nombres relatifs de même signe est positif !

Donc -5 est une solution de l'équation proposée.

▶ **3. a)** Le graphique B représente la fonction f.
b) On peut justifier la réponse par l'une des propriétés suivantes.
• Le coefficient directeur de la droite représentant la fonction affine f est négatif donc la droite est décroissante.
• La fonction f a pour ordonnée à l'origine $+1,5$.
• L'image de 2 par f est $-4,5$ et non 1,5.

Comparaison de deux programmes

Programme A	Programme B
• Choisir un nombre	• Choisir un nombre
• Soustraire 3	• Calculer le carré de ce nombre
• Calculer le carré du résultat obtenu	• Ajouter le triple du nombre de départ
	• Ajouter 7

▶ **1.** Corinne choisit le nombre 1 et applique le programme A. Expliquer, en détaillant, les calculs que le résultat du programme de calcul est 4.

▶ **2.** Tidjane choisit le nombre −5 et applique le programme B. Quel résultat obtient-il ?

▶ **3.** Lina souhaite regrouper le résultat de chaque programme à l'aide d'un tableur. Elle crée la feuille de calcul ci-dessous. Quelle formule, copiée ensuite à droite dans les cellules C3 à H3, a-t-elle saisie dans la cellule B3 ?

B2	▼	✗	✓	f_x	=(B1−3)^2		
	A	B	C	D	E	F	G	H
1	Nombre de départ	−3	−2	−1	0	1	2	3
2	Résultat du programme A	36	25	16	9	4	1	0
3	Résultat du programme B	7	5	5	7	11	17	25

▶ **4.** Zoé cherche à trouver un nombre de départ pour lequel les deux programmes de calcul donnent le même résultat. Pour cela, elle appelle x le nombre choisi au départ et exprime le résultat de chaque programme de calcul en fonction de x.

a) Montrer que le résultat du programme A en fonction de x peut s'écrire sous forme développée et réduite : $x^2 - 6x + 9$.

b) Écrire le résultat du programme B en fonction de x.

c) Existe-t-il un nombre de départ pour lequel les deux programmes donnent le même résultat ? Si oui, lequel ?

Utiliser le calcul littéral **CORRIGÉ 26**

LES CLÉS DU SUJET

■ **Points du programme**

Calcul littéral • Tableur • Équation.

■ **Nos coups de pouce**

▶ **1.** et **2.** Effectue successivement et dans l'ordre indiqué les différentes étapes des programmes de calcul en partant du nombre choisi.

▶ **4. a)** et **b)** Choisis un nombre quelconque x et applique les deux programmes de calcul.
c) Résous une équation.

CORRIGÉ 26

▶ **1.** Application du programme A par Corinne.
- Corinne choisit le nombre 1.
- Elle soustrait 3 à ce nombre et obtient – 2.
- Puis elle calcule le carré du résultat obtenu. Elle obtient $(-2)^2$, c'est-à-dire 4.

Conclusion : Corinne obtient bien 4.

▶ **2.** Application du programme B par Tidjane.
- Tidjane choisit le nombre – 5.
- Il calcule le carré de ce nombre. Il obtient $(-5)^2$, c'est-à-dire 25.
- Puis il ajoute le triple du nombre de départ, c'est-à-dire qu'il ajoute –15. Il obtient donc 10.
- Enfin il ajoute 7 et trouve 17.

Conclusion : Tidjane obtient 17.

▶ **3.** En B3 il faut saisir la formule $\boxed{\text{=B1*B1+3*B1+7}}$.

▶ **4. a)** Zoé choisit un nombre x et applique le programme A.
Elle soustrait 3 à ce nombre et trouve $(x-3)$.
Elle calcule le carré du résultat obtenu et obtient $(x-3)^2$.
En appliquant l'identité remarquable $(a-b)^2 = a^2 - 2ab + b^2$, on peut affirmer que le résultat du programme est $\boxed{x^2 - 6x + 9}$.

Utiliser le calcul littéral **CORRIGÉ 26**

b) Zoé choisit un nombre x et applique le programme B.

Elle élève au carré ce nombre et trouve x^2.

Elle ajoute le triple du nombre de départ, c'est-à-dire qu'elle ajoute $3x$. Elle obtient $x^2 + 3x$.

Enfin elle ajoute 7 et trouve $\boxed{x^2 + 3x + 7}$.

c) Pour répondre à la question, résolvons l'équation :
$x^2 - 6x + 9 = x^2 + 3x + 7$.

Nous avons : $x^2 - 6x - x^2 - 3x = 7 - 9$, soit $-9x = -2$ ou encore $x = \dfrac{2}{9}$.

Conclusion : si on choisit $\dfrac{2}{9}$ pour nombre de départ, les deux programmes donnent le même résultat.

Pour obtenir ce résultat, remplaçons x par $\dfrac{2}{9}$ dans $x^2 + 3x + 7$ par exemple.

On trouve $\left(\dfrac{2}{9}\right)^2 + 3 \times \dfrac{2}{9} + 7$, soit $\boxed{\dfrac{625}{81}}$.

REMARQUE
On peut vérifier que l'on trouve également $\dfrac{625}{81}$ si on remplace x par $\dfrac{2}{9}$ dans $x^2 - 6x + 9$.

SUJET 27

Centres étrangers • Juin 2018
Exercice 4 • 18 points

Exploitation d'un marais

Chaque été, Jean exploite son marais salant sur l'île de Ré, situé dans l'océan Atlantique, près de La Rochelle. Son marais se compose de carreaux (carrés de 4 m de côté) dans lesquels se récolte le sel.

PARTIE A • LE GROS SEL

Chaque jour, il récolte du gros sel sur 25 carreaux. Le premier jour, afin de prévoir sa production, il relève la masse en kilogrammes de chaque tas de gros sel produit par carreau. Voici la série statistique obtenue :
34 – 39 – 31 – 45 – 40 – 32 – 36 – 45 – 42 – 34 – 30 – 48 – 43
32 – 39 – 40 – 42 – 38 – 46 – 31 – 38 – 43 – 37 – 47 – 33

▶ **1.** Calculer l'étendue de cette série statistique.

▶ **2.** Déterminer la médiane de cette série statistique et interpréter le résultat.

▶ **3.** Calculer la masse moyenne, en kg, des tas de gros sel pour ce premier jour.

PARTIE B • LA FLEUR DE SEL

La fleur de sel est la mince couche de cristaux blancs qui se forme et affleure la surface des marais salants. Chaque soir, Jean cueille la fleur de sel à la surface des carreaux. Pour transporter sa récolte, il utilise une brouette comme sur le schéma ci-après.

Interpréter, représenter et traiter des données **CORRIGÉ 27**

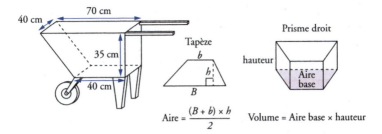

Aire = $\dfrac{(B + b) \times h}{2}$ Volume = Aire base × hauteur

▶ **1.** Montrer que cette brouette a un volume de 77 litres.

▶ **2.** Sachant que 1 litre de fleur de sel pèse 900 grammes, calculer la masse, en kg, du contenu d'une brouette remplie de fleur de sel.

LES CLÉS DU SUJET

■ **Points du programme**

Statistiques • Géométrie dans l'espace : calcul de volume.

■ **Nos coups de pouce**

Partie A
▶ **1.** Applique la définition de l'étendue d'une série statistique.
▶ **2.** Applique la définition de la médiane d'une série statistique.
▶ **3.** Applique la définition de la moyenne d'une série statistique FICHE 6.

Partie B
▶ **1.** Calcule le volume d'un prisme droit en utilisant les deux formules données dans l'énoncé. Transforme les cm³ en litres en te souvenant que : 1 litre = 1 dm³ = 1 000 cm³.

CORRIGÉ 27

PARTIE A

▶ **1.** L'étendue e d'une série statistique est la différence entre la plus grande et la plus petite valeur de cette série.
$e = 48 - 30$ soit $\boxed{e = 18}$.

▶ **2.** La médiane M d'une série statistique est la valeur qui partage cette série, rangée par ordre croissant (ou décroissant), en deux parties de même effectif.

Rangeons la série statistique en ordre croissant :

30 – 31 – 31 – 32 – 32 – 33 – 34 – 34 – 36 – 37 – 38 – 38 – $\boxed{39}$ – 39 – 40 – 40 – 42 – 42 – 43 – 43 – 45 – 45 – 46 – 47 – 48.

Nous avons $\boxed{M = 39}$. En effet avant 39, il existe 12 termes, et après 39, il existe 12 termes aussi.

Interprétation : 50 % des valeurs de la série sont inférieures à 39 et 50 % des valeurs de la série sont supérieures à 39.

▶ **3.** La moyenne m d'une série statistique est égale au quotient de la somme de toutes les valeurs de la série par l'effectif total.

$$m = \frac{34 + 39 + 31 + 45 + 40 + \ldots + 43 + 37 + 47 + 33 + 25}{25}$$

$m = \dfrac{965}{25}$ soit $\boxed{m = 38{,}6 \text{ kg}}$.

PARTIE B

▶ **1.** Calculons l'aire $\mathcal{A}$ de la base. Celle-ci est un trapèze.

$\mathcal{A} = \dfrac{(\text{grande base} + \text{petite base}) \times \text{hauteur}}{2}$

$= \dfrac{(70 + 40) \times 35}{2}$

soit $\mathcal{A} = 1\,925$ cm².

CONSEIL
Visualise bien la brouette afin d'identifier la grande base, la petite base, la hauteur du trapèze ainsi que la hauteur du prisme droit.

Calculons le volume $\mathcal{V}$ de la brouette.

$\mathcal{V}$ = aire de la base × hauteur
$= 1\,925 \times 40$

soit $\mathcal{V} = 77\,000$ cm³.

Mais un litre équivaut à 1 000 cm³, donc $\boxed{\mathcal{V} = 77 \text{ litres}}$.

▶ **2.** Notons P la masse du contenu de la brouette.
$P = 77 \times 900 = 69\,300$ g

ou encore $\boxed{P = 69{,}3 \text{ kg}}$ car 1 kg = 1 000 g.

Commandes en retard

Une entreprise a enregistré, pour chaque mois de l'année 2016, le pourcentage de commandes livrées en retard. Le diagramme suivant présente ces données.

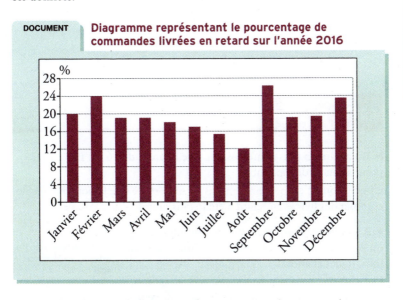

DOCUMENT — Diagramme représentant le pourcentage de commandes livrées en retard sur l'année 2016

▶ **1.** Quel est le mois de l'année où le pourcentage de commandes livrées en retard a été le plus important ?
Aucune justification n'est attendue.

▶ **2.** Pour quels mois de l'année ce pourcentage a-t-il été inférieur ou égal à 18 % ?
Aucune justification n'est attendue.

▶ **3.** Quelle est l'étendue de cette série de données ?

Interpréter, représenter et traiter des données **CORRIGÉ 28**

LES CLÉS DU SUJET

■ **Points du programme**

Statistiques : histogramme • Étendue d'une série statistique.

■ **Nos coups de pouce**

▶ **1.** Recherche la barre de plus grande hauteur.
▶ **2.** Recherche les barres dont les hauteurs correspondent à des valeurs inférieures ou égales à 18 %.
▶ **3.** Applique la définition de l'étendue d'une série statistique.
(Voir mémo en fin d'ouvrage.)

CORRIGÉ 28

▶ **1.** La barre la plus haute possède une hauteur de 26 %. Elle correspond au mois de septembre.
Conclusion : c'est pendant le mois de septembre que le pourcentage de commandes livrées en retard a été le plus grand.

▶ **2.** Les barres dont les hauteurs sont inférieures ou égales à 18 % correspondent aux mois de mai, juin, juillet et août.
Conclusion : c'est pendant les mois de mai, juin, juillet et août que ce pourcentage a été inférieur ou égal à 18 %.

ATTENTION !
À la question 2, bien lire le texte : « inférieur ou égal ».

▶ **3.** L'étendue e d'une série statistique est la différence entre la plus grande et la plus petite valeur de cette série de données.
$e = 26\,\% - 12\,\%$ soit $\boxed{e = 14\,\%}$.

Antilles, Guyane • Juin 2019
Exercice 3 • 17 points

Sécurité routière

Le premier juillet 2018, la vitesse maximale autorisée sur les routes à double sens de circulation, sans séparateur central, a été abaissée de 90 km/h à 80 km/h.
En 2016, 1 911 personnes ont été tuées sur les routes à double sens de circulation, sans séparateur central, ce qui représente environ 55 % des décès sur l'ensemble des routes en France.

Source : www.securite-routiere.gouv.fr

▶ **1. a)** Montrer qu'en 2016, il y a eu environ 3 475 décès sur l'ensemble des routes en France.
b) Des experts ont estimé que la baisse de la vitesse à 80 km/h aurait permis de sauver 400 vies en 2016. De quel pourcentage le nombre de morts sur l'ensemble des routes de France aurait-il baissé ? Donner une valeur approchée à 0,1 % près.

▶ **2.** En septembre 2018, des gendarmes ont effectué une série de contrôles sur une route dont la vitesse maximale autorisée est 80 km/h. Les résultats ont été entrés dans un tableur dans l'ordre croissant des vitesses. Malheureusement, les données de la colonne B ont été effacées.

	A	B	C	D	E	F	G	H	I	J	K
1	vitesse relevée (km/h)		72	77	79	82	86	90	91	97	TOTAL
2	nombre d'automobilistes		2	10	6	1	7	4	3	6	

a) Calculer la moyenne des vitesses des automobilistes contrôlés qui ont dépassé la vitesse maximale autorisée. Donner une valeur approchée à 0,1 km/h près.
b) Sachant que l'étendue des vitesses relevées est égale à 27 km/h et que la médiane est égale à 82 km/h, quelles sont les données manquantes dans la colonne B ?
c) Quelle formule doit-on saisir dans la cellule K2 pour obtenir le nombre total d'automobilistes contrôlés ?

Interpréter, représenter et traiter des données **CORRIGÉ 29**

LES CLÉS DU SUJET

■ **Points du programme**

Pourcentages • Statistiques : moyenne, étendue, médiane.

■ **Nos coups de pouce**

▶ **1. a)** Note x le nombre de décès sur les routes de France en 2016. Prends ensuite 55 % de ce nombre x.
b) Calcule en pourcentage le quotient $\frac{400}{3\,475}$.
▶ **2. a)** Applique la définition de la moyenne d'une série statistique.
b) Applique la définition de l'étendue et de la médiane d'une série statistique.

CORRIGÉ 29

▶ **1. a)** Si x est le nombre de décès sur les routes de France en 2016, alors $\frac{55}{100}x = 1\,911$.
D'où $x = \frac{1\,911 \times 100}{55}$.
Une valeur arrondie à l'unité de x est donc :
$$\boxed{x = 3\,475}.$$

b) Notons p le pourcentage de baisse du nombre de décès :
$$p = \frac{400}{3\,475} \times 100.$$
Une valeur approchée de p à 0,1 % près est :
$$\boxed{p = 11,5\,\%}.$$

▶ **2. a)** Notons m la moyenne des vitesses des automobilistes contrôlés qui ont dépassé la vitesse de 80 km/h.

m est égale à la somme de toutes les valeurs de la série statistique divisée par l'effectif total :
$$m = \frac{1 \times 82 + 7 \times 86 + 4 \times 90 + 3 \times 91 + 6 \times 97}{1 + 7 + 4 + 3 + 6} = \frac{1\,899}{21}.$$
D'où une valeur approchée de m à 0,1 km/h près :
$$\boxed{m = 90,4 \text{ km/h}}.$$

Interpréter, représenter et traiter des données **CORRIGÉ 29**

b) L'étendue e d'une série statistique est la différence entre la plus grande et la plus petite valeur de la série statistique.

> **ATTENTION !**
> La série statistique considérée ne contient que les vitesses supérieures à 80 km/h !

La plus grande valeur est 97 et l'étendue vaut 27.

La plus petite valeur est donc 70 km/h car 97 − 27 = 70.

Conclusion : en B1, il manque le nombre 70.

La médiane M d'une série statistique, rangée par ordre croissant ou décroissant, est la valeur qui partage cette série statistique en deux parties de même effectif.

Or, $M = 82$ et il y a 20 automobilistes circulant à plus de 82 km/h.
Donc il existe 20 automobilistes circulant à moins de 82 km/h.

D'après le tableur, il y a 2 automobilistes circulant à 70 km/h.

Conclusion : en B2, il manque le nombre 2.

c) Dans la cellule K2, il faut saisir la formule :

$$=\text{SOMME(B2:J2)}.$$

Club omnisport

Polynésie française • Juin 2018
Exercice 4 • 18 points

PARTIE 1

Le responsable du plus grand club omnisport de la région a constaté qu'entre le 1er janvier 2010 et le 31 décembre 2012 le nombre total de ses adhérents a augmenté de 10 % puis celui-ci a de nouveau augmenté de 5 % entre le 1er janvier 2013 et le 31 décembre 2015. Le nombre total d'adhérents en 2010 était de 1 000.

▶ **1.** Calculer, en justifiant, le nombre total d'adhérents au 31 décembre 2012.

▶ **2.** Calculer, en justifiant, le nombre total d'adhérents au 31 décembre 2015.

▶ **3.** Martine pense qu'au 31 décembre 2015, il devrait y avoir 1 150 adhérents car elle affirme : « une augmentation de 10 % puis une autre de 5 %, cela fait une augmentation de 15 % ». Qu'en pensez-vous ? Expliquez votre réponse.

PARTIE 2

Au 1er janvier 2017, les effectifs étaient de 1 260 adhérents. Voici le tableau de répartition des adhérents en 2017 en fonction de leur sport de prédilection.

	Effectif en 2017	Angle en degrés correspondant (pour construire le diagramme circulaire)	Fréquence en %
Planche à voile	392		
Beach volley	224		
Surf	644		
Total	1 260	360°	100 %

▶ **1.** Compléter la colonne intitulée « Angle en degrés correspondant ».
(Pour expliquer votre démarche, vous ferez figurer sur votre copie les calculs correspondants.)

Interpréter, représenter et traiter des données **CORRIGÉ 30**

▶ **2.** Pour représenter la situation, construire un diagramme circulaire de rayon 4 cm.

▶ **3.** Compléter la colonne « Fréquence en % ».
(Pour expliquer votre démarche, vous ferez figurer sur votre copie les calculs correspondants. Vous donnerez le résultat arrondi au centième près.)

LES CLÉS DU SUJET

■ **Points du programme**

Statistiques • Pourcentages • Diagramme circulaire.

■ **Nos coups de pouce**

Partie 1
Une augmentation de n % d'une quantité Q correspond à une augmentation de $\frac{n}{100} \times Q$. La quantité augmentée vaut alors $Q' = Q + \frac{n}{100} \times Q$.

Partie 2
▶ **1.** Cherche le coefficient de proportionnalité.
▶ **2.** Utilise un rapporteur.
▶ **3.** Cherche à nouveau le coefficient de proportionnalité.

CORRIGÉ 30

PARTIE 1

▶ **1.** Il y avait 1 000 adhérents en 2010. Entre le 1er janvier 2010 et le 31 décembre 2012, le nombre d'adhérents a augmenté de 10 %, c'est-à-dire de $1\,000 \times \frac{10}{100}$ soit 100. Il y avait donc 1 100 adhérents au 31 décembre 2012.

▶ **2.** Puis le nombre d'adhérents a augmenté de 5 % entre le 1er janvier 2013 et le 31 décembre 2015. Il a donc augmenté durant cette période de $1\,100 \times \frac{5}{100}$ soit 55 adhérents.
Il y avait donc 1 155 adhérents au 31 décembre 2015.

▶ **3.** Une augmentation de 15 % du nombre d'adhérents entre le 1er janvier 2010 et le 31 décembre 2015 aurait provoqué une augmentation de $1\,000 \times \dfrac{15}{100}$ soit 150 adhérents. Dans cette hypothèse le club omnisport aurait compté 1 150 adhérents au 31 décembre 2015 ce qui est différent des 1 155 adhérents trouvés en **1.**.

Conclusion : Martine a tort.

PARTIE 2

▶ **1.**

	Effectif en 2017	Angle en degrés correspondant (pour construire le diagramme circulaire)	Fréquence en %
Planche à voile	392	112°	31,11
Beach volley	224	64°	17,78
Surf	644	184°	51,11
Total	1 260	360°	100 %

Un angle de 360° correspond à un effectif de 1 260.

Pour la correspondance « Angles – Effectifs », le coefficient de proportionnalité est $\dfrac{360}{1\,260}$ soit $\dfrac{180 \times 2}{180 \times 7}$ ou encore $\dfrac{2}{7}$.

Pour compléter la colonne « Angles en degrés », il suffit de multiplier chaque terme de la colonne effectif par $\dfrac{2}{7}$ (voir tableau ci-dessus).

▶ **2.** Construisons un diagramme circulaire (dimensions réduites) :

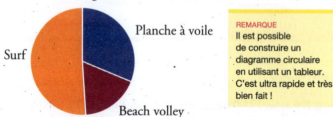

REMARQUE
Il est possible de construire un diagramme circulaire en utilisant un tableur. C'est ultra rapide et très bien fait !

▶ **3.** Une fréquence de 100 % correspond à un effectif de 1 260.
Pour la correspondance « Fréquences – Effectifs en % », le coefficient de proportionnalité est $\dfrac{100}{1260}$ soit $\dfrac{20 \times 5}{20 \times 63}$ ou encore $\dfrac{5}{63}$.

Pour compléter la colonne « Fréquences en % », il suffit de multiplier chaque terme de la colonne effectif par $\dfrac{5}{63}$ (voir tableau ci-dessus).

Les fréquences en % sont arrondies au centième.

SUJET 31

Amérique du Nord • Juin 2019
Exercice 8 • 10 points

Les notes

Dans une classe de Terminale, huit élèves passent un concours d'entrée dans une école d'enseignement supérieur.
Pour être admis, il faut obtenir une note supérieure ou égale à 10.
Une note est attribuée avec une précision d'un demi-point (par exemple : 10 ; 10,5 ; 11 ; …). On dispose des informations suivantes :

Information 1
Notes attribuées aux 8 élèves de la classe qui ont passé le concours :
10 ; 13 ; 15 ; 14,5 ; 6 ; 7,5 ; ♦ ; ●

Information 2	
La série constituée des huit notes : – a pour étendue 9 ; – a pour moyenne 11,5 ; – a pour médiane 12.	75 % des élèves de la classe qui ont passé le concours ont été reçus.

▶ **1.** Expliquer pourquoi il est impossible que l'une des deux notes désignées par ♦ ou ● soit 16.

▶ **2.** Est-il possible que les deux notes désignées par ♦ et ● soient 12,5 et 13,5 ?

LES CLÉS DU SUJET

■ **Points du programme**

Calculs et bonne compréhension d'indicateurs statistiques.

■ **Nos coups de pouce**

▶ **2.** Vérifie si les indicateurs sont bons avec les valeurs choisies.

CORRIGÉ 31

▶ **1.** Il est impossible que cette valeur soit 16 car alors l'étendue de la série serait au moins de $16 - 6 = 10$.

▶ **2.** Si les deux notes sont 12,5 et 13,5, on a alors :
Médiane : $\underbrace{6\ ;\ 7,5\ ;\ 10\ ;\ 12,5}_{4\text{ valeurs}}\ ;\ \underbrace{13\ ;\ 13,5\ ;\ 14,5\ ;\ 15}_{4\text{ valeurs}}$

La médiane serait alors de $\dfrac{12,5 + 13}{2} = 12,75$ ce qui n'est pas possible.

Donc ce choix des deux notes est impossible.

Les particules fines

France métropolitaine • Juin 2018
Exercice 2 • 14 points

Parmi les nombreux polluants de l'air, les particules fines sont régulièrement surveillées. Les PM10 sont des particules fines dont le diamètre est inférieur à 0,01 mm. En janvier 2017, les villes de Lyon et Grenoble ont connu un épisode de pollution aux particules fines.
Voici des données concernant la période du 16 au 25 janvier 2017 :

DOCUMENT 1 — Données statistiques sur les concentrations journalières en PM10 du 16 au 25 janvier 2017 à Lyon

- Moyenne : 72,5 $\mu g/m^3$.
- Médiane : 83,5 $\mu g/m^3$.
- Concentration minimale : 22 $\mu g/m^3$.
- Concentration maximale : 107 $\mu g/m^3$.

Source : www.air-rhonealpes.fr

DOCUMENT 2 — Relevés des concentrations journalières en PM10 du 16 au 25 janvier 2017 à Grenoble

Date	Concentration PM10 en µg/m³
16 janvier	32
17 janvier	39
18 janvier	52
19 janvier	57
20 janvier	78
21 janvier	63
22 janvier	60
23 janvier	82
24 janvier	82
25 janvier	89

Interpréter, représenter et traiter des données CORRIGÉ 32

▶ **1.** Laquelle de ces deux villes a eu la plus forte concentration moyenne en PM10 entre le 16 et le 25 janvier ?

▶ **2.** Calculer l'étendue des séries des relevés en PM10 à Lyon et à Grenoble. Laquelle de ces deux villes a eu l'étendue la plus importante ? Interpréter ce dernier résultat.

▶ **3.** L'affirmation suivante est-elle exacte ? Justifier votre réponse.
« Du 16 au 25 janvier, le seuil d'alerte de 80 µg/m^3 par jour a été dépassé au moins 5 fois à Lyon. »

LES CLÉS DU SUJET

■ **Points du programme**

Moyenne arithmétique • Étendue • Médiane.

■ **Nos coups de pouce**

▶ **2.** L'étendue est la différence entre la plus grande et la plus petite valeur.

CORRIGÉ 32

▶ **1.** À Lyon, la moyenne des concentrations est de 72,5 µg/m^3.
À Grenoble :
$$\frac{32 + 39 + 52 + 57 + 78 + 63 + 60 + 82 + 82 + 89}{10} = 63,4 \text{ µg/m}^3.$$
C'est Lyon qui a la plus forte concentration moyenne en PM10 entre le 16 et le 25 janvier.

▶ **2.** Étendue des concentrations à Lyon : 107 − 22 = 85.
Étendue des concentrations à Grenoble : 89 − 32 = 57.
L'amplitude des concentrations est la plus élevée à Lyon.

▶ **3.** À Lyon, la médiane des concentrations sur les 10 jours est de 83,5 µg/m^3.
Cela signifie que la concentration a été supérieure ou égale à 83,5 µg/m^3 au moins 5 jours sur les dix jours mesurés. Donc le seuil d'alerte de 80 µg/m^3 a été dépassé au moins 5 jours à Lyon.

Rupture de contrat

Une assistante maternelle gardait plusieurs enfants, dont Farida qui est entrée à l'école en septembre 2017. Ses parents ont alors rompu leur contrat avec cette assistante maternelle. La loi les oblige à verser une « indemnité de rupture ».

Le montant de cette indemnité est égal au $1/120^e$ du total des salaires nets perçus par l'assistante maternelle pendant toute la durée du contrat.

Ils ont reporté le montant des salaires nets versés, de mars 2015 à août 2017, dans un tableur comme ci-dessous :

	A	B	C	D	E	F	G	H	I	J	K	L	M
1	Salaires nets versés en 2015 (en €)												
2													
3	Janvier	Février	Mars	Avril	Mai	Juin	Juillet	Août	Septembre	Octobre	Novembre	Décembre	Total
4			77,81	187,11	197,21	197,11	187,11	170,63	186,28	191,37	191,37	197,04	1 783,04
5													
6	Salaires nets versés en 2016 (en €)												
7													
8	Janvier	Février	Mars	Avril	Mai	Juin	Juillet	Août	Septembre	Octobre	Novembre	Décembre	Total
9	191,37	191,37	191,37	197,04	194,21	191,37	211,21	216,89	212,63	212,63	218,3	218,3	2 446,69
10													
11	Salaires nets versés en 2017 (en €)												
12													
13	Janvier	Février	Mars	Avril	Mai	Juin	Juillet	Août	Septembre	Octobre	Novembre	Décembre	Total
14	223,97	261,64	270,15	261,64	261,64	267,3	261,64	261,64					2 069,62
15													
16	Montant total des salaires versés (en €)												
17													
18	Montant de l'indemnité de rupture de contrat (en €)												
19													

Interpréter, représenter et traiter des données **CORRIGÉ 33**

▶ **1. a)** Que représente la valeur 1 783,04 dans la cellule M4 ?
b) Quelle formule a-t-on écrit dans la cellule M4 pour obtenir cette valeur ?
c) Dans quelle cellule doit-on écrire la formule « =M4+M9+M14 » ?

▶ **2.** Déterminer le montant de « l'indemnité de rupture ». Arrondir au centime d'euro près.

▶ **3.** Déterminer le salaire moyen net mensuel versé à cette assistante maternelle sur toute la durée du contrat de la famille de Farida. Arrondir au centime d'euro près.

▶ **4.** Calculer l'étendue des salaires versés.

LES CLÉS DU SUJET

■ **Points du programme**

Statistiques : moyenne, étendue • Tableur.

■ **Nos coups de pouce**

▶ **2.** Calcule la somme des salaires versés de mars 2015 à août 2017.
▶ **3.** Le salaire moyen net mensuel S_{moy} est égal à la somme de tous les salaires versés divisée par le nombre total de mois.
▶ **4.** Applique la définition de l'étendue d'une série statistique (voir le « mémo » du Brevet).

CORRIGÉ 33

▶ **1. a)** La valeur 1 783,04 dans la cellule M4 représente la somme des salaires nets versés en 2015.

b) Pour obtenir cette valeur, la formule écrite dans la cellule M4 est :

$$=\text{SOMME(C4:L4)}.$$

ATTENTION !
Les formules utilisées sur le tableur obéissent à une syntaxe bien précise.

c) La formule « =M4+M9+M14 » est écrite dans la cellule M16.

Ce résultat représente le montant total des salaires versés en euros durant toute la durée du contrat.

Interpréter, représenter et traiter des données **CORRIGÉ 33**

▶ **2.** Notons R l'indemnité de rupture. Alors :

$R = (1\,783{,}04 + 2\,446{,}69 + 2\,069{,}62) \times \dfrac{1}{120}$.

$R = 6\,299{,}35 \times \dfrac{1}{120}$.

$R = 52{,}49$.

Conclusion : le montant de l'indemnité de rupture est de 52,49 euros, valeur arrondie au centième d'euro.

▶ **3.** Le salaire moyen net mensuel S_{moy} est égal au salaire total versé sur toute la durée du contrat divisé par son nombre de mois. L'assistante maternelle a travaillé pendant 30 mois. Donc $S_{moy} = \dfrac{6\,299{,}35}{30}$.

La valeur arrondie au centième d'euro du salaire moyen net est :

$$\boxed{S_{moy} = 209{,}98 \text{ euros}}.$$

▶ **4.** L'étendue e d'une série statistique est la différence entre la plus grande valeur et la plus petite valeur de la série statistique.

La valeur la plus grande est 270,15 et la valeur la plus petite est 77,81. D'où l'étendue des salaires :

$$e = 270{,}15 - 77{,}81$$

$$\boxed{e = 192{,}34 \text{ euros}}.$$

Fréquence cardiaque

Chris fait une course à vélo tout terrain (VTT). Le graphique ci-dessous représente sa fréquence cardiaque (en battements par minute) en fonction du temps lors de la course.

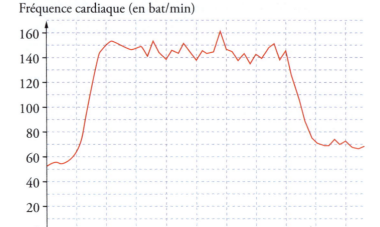

▶ **1.** Quelle est la fréquence cardiaque de Chris au départ de sa course ?

▶ **2.** Quel est le maximum de la fréquence cardiaque atteinte par Chris au cours de sa course ?

▶ **3.** Chris est parti à 9 h 33 de chez lui et termine sa course à 10 h 26. Quelle a été la durée, en minutes, de sa course ?

▶ **4.** Chris a parcouru 11 km lors de cette course. Montrer que sa vitesse moyenne est d'environ 12,5 km/h.

▶ **5.** On appelle FCM (fréquence cardiaque maximale) la fréquence maximale que peut supporter l'organisme. Celle de Chris est FCM = 190 battements par minute. En effectuant des recherches sur des sites internet spécialisés, il a trouvé le tableau suivant.

Effort	léger	soutenu	tempo	seuil anaérobie
Fréquence cardiaque mesurée	Inférieur à 70 % de la FCM	70 à 85 % de la FCM	85 à 92 % de la FCM	92 à 97 % de la FCM

Estimer la durée de la période pendant laquelle Chris a fourni un effort soutenu au cours de sa course.

LES CLÉS DU SUJET

■ **Points du programme**

Lectures graphiques • Grandeur composée quotient • Pourcentages.

■ **Nos coups de pouce**

▶ **1.** Lis l'ordonnée du point A d'abscisse 0.

▶ **2.** On appelle B le point dont l'ordonnée est maximum. Lis l'ordonnée de B.

▶ **3.** Calcule la différence entre l'heure d'arrivée et celle de départ.

▶ **4.** Applique la relation $v = \dfrac{d}{t}$ où v est la vitesse moyenne, d la distance parcourue et t le temps mis pour la parcourir. Conclus.

▶ **5.** Calcule 70 % et 85 % de la fréquence cardiaque maximale. Puis lis les abscisses des points C et D dont les ordonnées sont les deux nombres précédemment calculés. Conclus.

CORRIGÉ 34

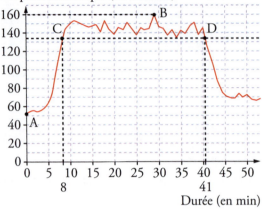

▶ **1.** Nous lisons sur le graphique que le point A d'abscisse 0 et situé sur la courbe a une ordonnée égale à environ 53.

Conclusion : la fréquence cardiaque de Chris au départ de sa course est d'environ 53 battements par minute.

▶ **2.** On appelle B le point du graphique dont l'ordonnée est maximum. Nous lisons que l'ordonnée de B est environ 160.

Conclusion : le maximum de la fréquence cardiaque atteinte par Chris au cours de la course est d'environ 160 battements par minute.

▶ **3.** Notons t la durée de la course.
$t = $ 10 h 26 min − 9 h 33 min ou encore $t = $ 9 h 86 min − 9 h 33 min
soit $\boxed{t = 53 \text{ min}}$.

▶ **4.** Appliquons la relation $v = \dfrac{d}{t}$ où v est la vitesse moyenne, d la distance parcourue et t le temps mis pour la parcourir.

Nous savons que $d = $ 11 km et $t = $ 53 min $= \dfrac{53}{60}$ h.

ATTENTION !
Ici, il est judicieux de prendre la distance en kilomètres et le temps en heures pour obtenir la vitesse en km/h.

Donc $v = \dfrac{11}{\frac{53}{60}} = 11 \times \dfrac{60}{53} = \dfrac{660}{53} = 12{,}452\ldots$

Conclusion : la vitesse moyenne de Chris est d'environ 12,5 km/h.

▶ **5.** Un effort soutenu correspond à une fréquence cardiaque comprise entre $\dfrac{70}{100} \times 190$ et $\dfrac{85}{100} \times 190$, c'est-à-dire entre 133 et 161 (valeur arrondie) battements par minute.

La droite d'équation $y = 133$ coupe le graphique en C et D. On lit sur ce dernier que les abscisses des points C et D sont respectivement 8 et 41 (environ). De plus on sait que le nombre de battements maximum est 160, donc inférieur à 161.

Conclusion : la durée de la période pendant laquelle Chris a fourni un effort soutenu durant la course est de (41 − 8) soit 33 minutes.

SUJET 35

Centres étrangers • Juin 2018
Exercice 3 • 16 points

Montres

Thomas possède une montre qu'il compose en assemblant des cadrans et des bracelets de plusieurs couleurs. Pour cela, il dispose de :
– deux cadrans : un rouge et un jaune ;
– quatre bracelets : un rouge, un jaune, un vert et un noir.

▶ **1.** Combien y a-t-il d'assemblages possibles ?
Il choisit au hasard un cadran et un bracelet pour composer sa montre.

▶ **2.** Déterminer la probabilité d'obtenir une montre toute rouge.

▶ **3.** Déterminer la probabilité d'obtenir une montre d'une seule couleur.

▶ **4.** Déterminer la probabilité d'avoir une montre de deux couleurs.

LES CLÉS DU SUJET

■ Points du programme

Probabilités.

■ Nos coups de pouce

Construis un arbre pondéré.
Applique la définition suivante : si E est un événement et si les résultats d'une expérience ont tous la même probabilité, alors :
$p(E) = \dfrac{\text{nombre de résultats favorables}}{\text{nombre de résultats possibles}}$.

Arbre pondéré

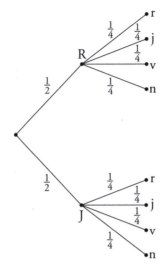

Légende
R : cadran rouge   J : cadran jaune
r : bracelet rouge   j : bracelet jaune
v : bracelet vert   n : bracelet noir.

▶ **1.** Il existe 8 assemblages possibles. Ils sont donnés par l'arbre ci-dessus.
(R, r), (R, j), (R, v), (R, n), (J, r), (J, j), (J, v) et (J, n).

▶ **2.** Soit E_1 l'événement « la montre est toute rouge ».
Il existe un seul résultat favorable, (R, r), et 8 résultats possibles.

$$p(E_1) = \frac{1}{8}.$$

▶ **3.** Soit E_2 l'événement « la montre est d'une seule couleur ».
Il existe deux résultats favorables, (R, r) et (J, j), et 8 résultats possibles.

$p(E_2) = \frac{2}{8}$ soit $p(E_2) = \frac{1}{4}$.

Utiliser les probabilités **CORRIGÉ 35**

▶ **4.** Soit E_3 l'événement « la montre est de 2 couleurs ».
Il existe 6 résultats favorables, (R, j), (R, v), (R, n), (J, r), (J, v) et (J, n), et 8 résultats possibles.

$p(E_3) = \dfrac{6}{8}$ soit $\boxed{p(E_3) = \dfrac{3}{4}}$.

Autre méthode

On obtient nécessairement une montre d'une seule couleur ou de deux couleurs. Donc

$p(E_2) + p(E_3) = 1$ soit $p(E_3) = 1 - p(E_2) = 1 - \dfrac{1}{4} = \dfrac{3}{4}$.

Jeu de hasard

On considère un jeu composé d'un plateau tournant et d'une boule. Représenté ci-contre, ce plateau comporte 13 cases numérotées de 0 à 12. On lance la boule sur le plateau. La boule finit par s'arrêter au hasard sur une case numérotée. La boule a la même probabilité de s'arrêter sur chaque case.

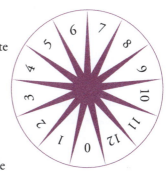

▶ **1.** Quelle est la probabilité que la boule s'arrête sur la case numérotée 8 ?

▶ **2.** Quelle est la probabilité que le numéro de la case sur lequel la boule s'arrête soit un nombre impair ?

▶ **3.** Quelle est la probabilité que le numéro de la case sur lequel la boule s'arrête soit un nombre premier ?

▶ **4.** Lors des deux derniers lancers, la boule s'est arrêtée à chaque fois sur la case numérotée 9. A-t-on maintenant plus de chances que la boule s'arrête sur la case numérotée 9 plutôt que sur la case numérotée 7 ? Argumenter à l'aide d'un calcul de probabilités.

LES CLÉS DU SUJET

■ Points du programme

Probabilités.

■ Nos coups de pouce

Dans tout cet exercice, applique la définition : si E est un événement et si les résultats d'une expérience ont tous la même probabilité, alors :
$p(\text{E}) = \dfrac{\text{nombre de résultats favorables}}{\text{nombre de résultats possibles}}$.

CORRIGÉ 36

▶ **1.** Notons E_1 l'événement : « la boule s'arrête sur la case numérotée 8 ». Chaque case a la même probabilité de recevoir la boule, alors :

$$p(E_1) = \frac{\text{nombre de résultats favorables}}{\text{nombre de résultats possibles}}.$$

Il existe une seule case numérotée 8 et 13 cases possibles.

$$\boxed{p(E_1) = \frac{1}{13}}$$

▶ **2.** Notons E_2 l'événement : « la boule s'arrête sur une case désignée par un numéro impair ».

Il existe 6 cases désignées par un numéro impair (1 ; 3 ; 5 ; 7 ; 9 ; 11) et 13 cases possibles.

$$\boxed{p(E_2) = \frac{6}{13}}$$

▶ **3.** Notons E_3 l'événement : « la boule s'arrête sur une case désignée par un nombre premier ».

Il existe 5 cases désignées par un nombre premier (2 ; 3 ; 5 ; 7 ; 11) et 13 cases possibles.

$$\boxed{p(E_3) = \frac{5}{13}}$$

RAPPEL
2 admet exactement deux diviseurs distincts (1 et lui-même). 2 est donc bien un nombre premier.

▶ **4.** Notons E_4 et E_5 les événements respectifs : « la boule s'arrête sur la case numérotée 9 » et « la boule s'arrête sur la case numérotée 7 ».

Il existe une seule case numérotée 9 et une seule case numérotée 7. Alors :

$$\boxed{p(E_4) = p(E_5) = \frac{1}{13}}$$

Conclusion : **il n'y a donc pas plus de chance que la boule s'arrête sur la case numérotée 9 plutôt que sur la case numérotée 7.**

SUJET 37

Centres étrangers • Juin 2019
Exercice 4 • 13 points

Des chaussures en vitrine

Dans la vitrine d'un magasin A sont présentés au total 45 modèles de chaussures. Certaines sont conçues pour la ville, d'autres pour le sport et sont de trois couleurs différentes : noire, blanche ou marron.

▶ **1.** Compléter le tableau suivant.

Modèle	Pour la ville	Pour le sport	Total
Noir		5	20
Blanc	7		
Marron		3	
Total	27		45

▶ **2.** On choisit un modèle de chaussures au hasard dans cette vitrine.
a) Quelle est la probabilité de choisir un modèle de couleur noire ?
b) Quelle est la probabilité de choisir un modèle pour le sport ?
c) Quelle est la probabilité de choisir un modèle pour la ville de couleur marron ?

▶ **3.** Dans la vitrine d'un magasin B, on trouve 54 modèles de chaussures dont 30 de couleur noire. On choisit au hasard un modèle de chaussures dans la vitrine du magasin A puis dans celle du magasin B. Dans laquelle des deux vitrines a-t-on le plus de chance d'obtenir un modèle de couleur noire ? Justifier.

LES CLÉS DU SUJET

■ **Points du programme**

Probabilités

■ **Nos coups de pouce**

Si E est un événement et si les résultats d'une expérience ont tous la même probabilité, alors :
$$p(E) = \frac{\text{nombre de résultats favorables}}{\text{nombre de résultats possibles}}.$$

CORRIGÉ 37

▶ **1.** Tableau complété.

Modèle	Pour la ville	Pour le sport	Total
Noir	15	5	20
Blanc	7	10	17
Marron	5	3	8
Total	27	18	45

▶ **2. a)** Soit E_1 l'événement « choisir un modèle de couleur noire ».
Parmi les 45 modèles, il en existe 20 de couleur noire.

$p(E_1) = \dfrac{20}{45}$ ou encore $\boxed{p(E_1) = \dfrac{4}{9}}$.

b) Soit E_2 l'événement « choisir un modèle pour le sport ».
Parmi les 45 modèles, il en existe 18 pour le sport.

$p(E_2) = \dfrac{18}{45}$ ou encore $\boxed{p(E_2) = \dfrac{2}{5}}$.

c) Soit E_3 l'événement « choisir un modèle pour la ville de couleur marron ».
Parmi les 45 modèles, il en existe 5 pour la ville de couleur marron.

$p(E_3) = \dfrac{5}{45}$ ou encore $\boxed{p(E_3) = \dfrac{1}{9}}$.

▶ **3.** Soit A l'événement « le modèle choisi dans la vitrine A est noir ».

D'après la question **2. a)**, $p(A) = \dfrac{4}{9}$.

Soit B l'événement « le modèle choisi dans la vitrine B est noir ».

$p(B) = \dfrac{30}{54} = \dfrac{5}{9}$. On a $p(B) > p(A)$.

Conclusion : on a plus de chance d'obtenir un modèle de couleur noire dans la vitrine B.

La roue

À un stand d'une kermesse, on fait tourner une roue pour gagner un lot (un jouet, une casquette ou des bonbons). Une flèche permet de désigner le secteur gagnant sur la roue.
On admet que chaque secteur a autant de chance d'être désigné.

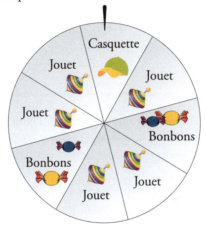

▶ **1. a)** Quelle est la probabilité de l'événement « on gagne des bonbons » ?
b) Définir par une phrase l'événement contraire de l'événement « on gagne des bonbons ».
c) Quelle est la probabilité de l'événement défini au **1. b)** ?

▶ **2.** Soit l'événement « on gagne une casquette ou des bonbons ». Quelle est la probabilité de cet événement ?

Utiliser les probabilités **CORRIGÉ 38**

LES CLÉS DU SUJET

■ **Points du programme**

Probabilités.

■ **Nos coups de pouce**

▶ **1. a)** Tous les secteurs ont la même probabilité d'être sélectionné, alors utilise la formule : $p(E) = \dfrac{\text{nombre de résultats favorables}}{\text{nombre de résultats possibles}}$.

b) Écris la phrase donnée à la forme négative.

c) Utilise la formule $p(E) + p(\overline{E}) = 1$.

▶ **2.** Additionne le nombre de secteurs désignant une casquette ou des bonbons.

CORRIGÉ 38

▶ **1. a)** Notons E l'événement « on gagne des bonbons ».

$$p(E) = \dfrac{\text{nombre de résultats favorables}}{\text{nombre de résultats possibles}} = \dfrac{2}{8}$$

Conclusion : $\boxed{p(E) = \dfrac{1}{4}}$

b) L'événement contraire de l'événement E « on gagne des bonbons » est l'événement « on ne gagne pas de bonbons ». Il est noté $\overline{E}$.

c) On sait que $p(E) + p(\overline{E}) = 1$.

Donc $p(\overline{E}) = 1 - p(E) = 1 - \dfrac{1}{4} = \dfrac{3}{4}$.

Conclusion : $\boxed{p(\overline{E}) = \dfrac{3}{4}}$.

> **AUTRE MÉTHODE**
> On peut aussi faire le calcul directement.
> $p(\overline{E}) = \dfrac{1+5}{8} = \dfrac{3}{4}$.
> En effet pour que $\overline{E}$ se réalise, il faut gagner une casquette ou un jouet.

▶ **2.** Notons F l'événement « on gagne une casquette ou des bonbons ».

$p(F) = \dfrac{1+2}{8} = \dfrac{3}{8}$

Conclusion : $\boxed{p(F) = \dfrac{3}{8}}$.

SUJET 39

Asie • Juin 2019
Exercice 6 • 14 points

Les carburants de voitures

Voici un tableau concernant les voitures particulières « diesel ou essence » en circulation en France en 2014.

DOCUMENT 1

	Nombre de voitures en circulation (en milliers)	Parcours moyen annuel (en km/véhicule)
Diesel	19 741	15 430
Essence	11 984	8 344

Source : INSEE

▶ **1.** Vérifier qu'il y avait 31 725 000 voitures « diesel ou essence » en circulation en France en 2014.

▶ **2.** Quelle est la proportion de voitures essence parmi les voitures « diesel ou essence » en circulation en France en 2014 ?
Exprimer cette proportion sous forme de pourcentage.
On arrondira le résultat à l'unité.

▶ **3.** Fin décembre 2014, au cours d'un jeu télévisé, on a tiré au sort une voiture parmi les voitures « diesel ou essence » en circulation en France. On a proposé alors au propriétaire de la voiture tirée au sort de l'échanger contre un véhicule électrique neuf. Le présentateur a téléphoné à Hugo, l'heureux propriétaire de la voiture tirée au sort.
Voici un extrait du dialogue entre le présentateur et Hugo :

DOCUMENT 2

Le présentateur : Bonjour Hugo, quel âge a votre voiture ?
Hugo : Là, elle a 7 ans !
Le présentateur : Et combien a-t-elle de kilomètres au compteur ?
Hugo : Un peu plus de 100 000 km. Attendez, j'ai une facture du garage qui date d'hier… elle a exactement 103 824 km.
Le présentateur : « Ah ! Vous avez donc un véhicule diesel je pense !

À l'aide des données contenues dans le document 1 et dans le document 2 :

a) Expliquer pourquoi le présentateur pense que Hugo a un véhicule diesel.

b) Expliquer s'il est possible que la voiture de Hugo soit un véhicule essence.

LES CLÉS DU SUJET

■ **Points du programme**

Pourcentages • Probabilité.

■ **Nos coups de pouce**

▶ **3.** Calcule le nombre de kilomètres parcourus par an par le propriétaire.

CORRIGÉ 39

▶ **1.** 19 741 000 + 11 984 000 = 31 725 000.

Il y a bien eu 31 725 000 voitures « diesel ou essence » en circulation en France.

▶ **2.** $\dfrac{11\,984\,000}{31\,725\,000} \times 100 \approx 38$.

> **RAPPEL**
> Une proportion est une fraction.

Il y a environ 38 % de voitures essence en circulation.

▶ **3. a)** $\dfrac{103\,824}{7} = 14\,832$.

Ce propriétaire a parcouru en moyenne 14 832 km par an.

Avec le document 1, le présentateur conclut que le véhicule de Hugo est probablement de type diesel.

b) L'événement « la voiture est de type diesel » n'est pas un événement certain car les données du document 1 ne sont que des moyennes : certains véhicules diesel peuvent parcourir plus ou moins que la valeur indiquée.

Conclusion : l'événement contraire, « la voiture est de type essence », n'est pas impossible.

SUJET 40

Polynésie française • Septembre 2019
Exercice 2 • 12 points

Téléchargements

Hugo a téléchargé des titres musicaux sur son téléphone. Il les a classés par genre musical comme indiqué dans le tableau ci-dessous :

Genre musical	Pop	Rap	Techno	Variété française
Nombre de titres	35	23	14	28

▶ **1.** Combien de titres a-t-il téléchargés ?

▶ **2.** Il souhaite utiliser la fonction « lecture aléatoire » de son téléphone qui consiste à choisir au hasard parmi tous les titres musicaux téléchargés, un titre à diffuser. Tous les titres sont différents et chaque titre a autant de chances d'être choisi. On s'intéresse au genre musical du premier titre diffusé.
a) Quelle est la probabilité de l'événement « obtenir un titre Pop » ?
b) Quelle est la probabilité de l'événement « le titre diffusé n'est pas du Rap » ?
c) Un fichier musical audio a une taille d'environ 4 Mo (Mégaoctets). Sur le téléphone d'Hugo, il reste 1,5 Go (Gigaoctet) disponible. Il souhaite télécharger de nouveaux titres musicaux. Combien peut-il en télécharger au maximum ?
Rappel : 1 Go = 1 000 Mo.

LES CLÉS DU SUJET

■ **Points du programme**

Probabilités • Conversions.

■ **Nos coups de pouce**

▶ **2. a)** et **b)** Si E est un événement et si les résultats d'une expérience ont tous la même probabilité de réalisation, alors :
$$P(E) = \frac{\text{nombre de résultats favorables}}{\text{nombre de résultats possibles}}.$$

c) Utilise pour la taille des fichiers une même unité.
Effectue la conversion nécessaire.

CORRIGÉ 40

▶ **1.** Soit N le nombre de titres téléchargés :
$$N = 35 + 23 + 14 + 28 = 100.$$
Conclusion : 100 titres ont été téléchargés.

▶ **2. a)** Notons E_1 l'événement « obtenir un titre Pop ».
Chaque titre a autant de chances d'être choisi, donc :
$$p(E_1) = \frac{\text{nombre de résultats favorables}}{\text{nombre de résultats possibles}} = \frac{35}{100}$$
$$\boxed{p(E_1) = 0{,}35}.$$

b) Notons E_2 l'événement « le titre diffusé n'est pas du Rap » :
$$p(E_2) = \frac{35 + 14 + 28}{100} = \frac{77}{100}$$
$$\boxed{p(E_2) = 0{,}77}.$$

c) Pour effectuer des téléchargements il reste 1,5 Go ou encore 1 500 Mo disponibles sur le téléphone de Hugo.

Si n est le nombre maximum de téléchargements que Hugo peut effectuer, alors :
$$n = \frac{1\,500}{4} = 375.$$

> **ATTENTION !**
> - 1 méga octet = 1 million d'octets = 1 000 000 octets ;
> - 1 giga octet = 1 milliard d'octets = 1 000 000 000 octets ;
> - Donc 1 Go = 1 000 Mo.

Conclusion : Hugo peut effectuer au maximum 375 téléchargements.

SUJET 41

Amérique du Nord • Juin 2018
Exercice 3 • 15 points

Les nombres

Deux urnes contiennent des boules numérotées indiscernables au toucher. Le schéma ci-dessous représente le contenu de chacune des urnes. On forme un nombre entier à deux chiffres en tirant au hasard une boule dans chaque urne :
– le chiffre des dizaines est le numéro de la boule issue de l'urne D ;
– le chiffre des unités est le numéro de la boule issue de l'urne U.

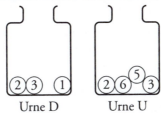

Urne D   Urne U

Exemple : en tirant la boule 1 de l'urne D et ensuite la boule 5 de l'urne U, on forme le nombre 15.

▶ **1.** A-t-on plus de chance de former un nombre pair que de former un nombre impair ?

▶ **2. a)** Sans justifier, indiquer les nombres premiers qu'on peut former lors de cette expérience.
b) Montrer que la probabilité de former un nombre premier est égale à $\frac{1}{6}$.

▶ **3.** Définir un événement dont la probabilité de réalisation est égale à $\frac{1}{3}$.

Utiliser les probabilités **CORRIGÉ 41**

LES CLÉS DU SUJET

■ **Points du programme**

Probabilités • Notion de nombre premier.

■ **Nos coups de pouce**

▶ **1.** Réalise un arbre pour modéliser la situation.

CORRIGÉ 41

▶ **1.** Obtenir un nombre pair ou impair ne dépend que du chiffre des unités.

Dans l'urne U, il y a 2 chiffres pairs et 2 chiffres impairs.

Donc il y a autant de chance de former un nombre pair qu'un nombre impair.

▶ **2. a)** Les nombres premiers que l'on peut former sont : 13 et 23.

RAPPEL
Un nombre premier n'est divisible que par 1 et par lui-même.

b) Après avoir construit un arbre de probabilités, on constate que cette expérience possède 12 issues.

Seules les issues « 13 » et « 23 » permettent d'obtenir un nombre premier.

Donc : $p(\text{« obtenir un nombre premier »}) = \dfrac{2}{12} = \dfrac{1}{6}$.

▶ **3.** L'événement « obtenir un nombre dont le chiffre des dizaines est 1 » a une probabilité de $\dfrac{1}{3}$ d'apparaître.

Course réalisée en 2018

PARTIE 1

On s'intéresse à une course réalisée au début de l'année 2018. Il y a 80 participants, dont 32 femmes et 48 hommes.
Les femmes portent des dossards rouges numérotés de 1 à 32. Les hommes portent des dossards verts numérotés de 1 à 48.
Il existe donc un dossard n° 1 rouge pour une femme, et un dossard n° 1 vert pour un homme, et ainsi de suite…

▶ **1.** Quel est le pourcentage de femmes participant à la course ?

▶ **2.** Un animateur tire au hasard le dossard d'un participant pour remettre un prix de consolation.
a) Soit l'événement V : « Le dossard est vert ». Quelle est la probabilité de l'événement V ?
b) Soit l'événement M : « Le numéro du dossard est un multiple de 10 ». Quelle est la probabilité de l'événement M ?
c) L'animateur annonce que le numéro du dossard est un multiple de 10. Quelle est alors la probabilité qu'il appartienne à une femme ?

PARTIE 2

À l'issue de la course, le classement est affiché ci-dessous.
On s'intéresse aux années de naissance des 20 premiers coureurs.

	A	B
1	Classement	Année de naissance
2	1	1983
3	2	1972
4	3	1966
5	4	2003
6	5	1986
7	6	1972
8	7	1979
9	8	1997
10	9	1959
11	10	1981
12	11	1970
13	12	1989
14	13	1988
15	14	1959
16	15	1993
17	16	1974
18	17	1960
19	18	1998
20	19	1969
21	20	2002
22		
23	Moyenne	1980

▶ **1.** On a rangé les années de naissance des coureurs dans l'ordre croissant :

1959	1959	1960	1966	1969
1970	1972	1972	1974	1979
1981	1983	1986	1988	1989
1993	1997	1998	2002	2003

Donner la médiane de la série.

▶ **2.** La moyenne de la série a été calculée dans la cellule B23.
Quelle formule a été saisie dans la cellule B23 ?

Utiliser les probabilités CORRIGÉ 42

▶ **3.** Astrid remarque que la moyenne et la médiane de cette série sont égales. Est-ce le cas pour n'importe quelle autre série statistique ? Expliquer votre réponse.

LES CLÉS DU SUJET

■ **Points du programme**

Pourcentage • Probabilités • Statistiques : médiane et moyenne • Tableur.

■ **Nos coups de pouce**

Partie 1

▶ **1.** Soient n et N les nombres respectifs de femmes et de participants à la course. Le pourcentage t de femmes est donné par la relation $t = \dfrac{n}{N} \times 100$.

▶ **2.** Applique la formule $p(\text{E}) = \dfrac{\text{nombre de résultats favorables}}{\text{nombre de résultats possibles}}$ où E désigne un événement.

Partie 2

▶ **1.** Applique la définition de la médiane d'une série statistique. (Voir mémo en fin d'ouvrage.)

▶ **3.** Utilise un contre-exemple.

CORRIGÉ 42

PARTIE 1

▶ **1.** Nous savons qu'il y a 32 femmes parmi les 80 participants à la course. Le pourcentage t de femmes est donné par la relation :
$t = \dfrac{32}{80} \times 100 = 40$.

Conclusion : $t = 40\ \%$.

▶ **2.** Appliquons la définition suivante : si E est un événement et si les résultats d'une expérience ont tous la même probabilité, alors :
$p(\text{E}) = \dfrac{\text{nombre de résultats favorables}}{\text{nombre de résultats possibles}}$.

a) Il y a 48 dossards verts parmi les 80 dossards, donc $p(V) = \dfrac{48}{80}$, soit $\boxed{p(V) = 0,6}$.

b) Il y a 4 multiples de 10 entre 1 et 48. Ce sont les nombres 10 ; 20 ; 30 et 40.

Il y a 3 multiples de 10 entre 1 et 32. Ce sont les nombres 10 ; 20 et 30.

Il y a donc en tout 7 dossards portant un nombre multiple de 10.

Donc $\boxed{p(M) = \dfrac{7}{80}}$.

c) Notons E l'événement « le numéro du dossard est celui d'une femme ».

Parmi les 7 dossards portant un numéro multiple de 10, il en existe 3 qui sont portés par une femme (ce sont les dossards : 10 rouge ; 20 rouge et 30 rouge).

Alors $\boxed{p(E) = \dfrac{3}{7}}$.

PARTIE 2

▶ **1.** Notons M la médiane de la série statistique. Nous avons $M = 1980$. En effet avant 1980 il existe 10 années de naissance et après 1980 il existe aussi 10 années de naissance.

▶ **2.** En B23, il a été saisi la formule :
$\boxed{\text{=MOYENNE(B2:B21)}}$

> **REMARQUE**
> On peut saisir aussi la formule :
> =(SOMME(B2:B21)/20)

▶ **3.** La réponse à la question posée est non.
En effet, prenons par exemple la série statistique de 3 termes :

1993 – 1997 – 1998.

La moyenne est égale à 1996 et la médiane vaut 1997. Dans ce cas la moyenne et la médiane ne sont pas égales. (Nous venons d'utiliser un contre-exemple.)

SUJET 43

France métropolitaine • Juin 2018
Exercice 3 • 12 points

Le lecteur audio

Dans son lecteur audio, Théo a téléchargé 375 morceaux de musique. Parmi eux, il y a 125 morceaux de rap. Il appuie sur la touche « lecture aléatoire » qui lui permet d'écouter un morceau choisi au hasard parmi tous les morceaux disponibles.

▶ **1.** Quelle est la probabilité qu'il écoute du rap ?

▶ **2.** La probabilité qu'il écoute du rock est égale à $\frac{7}{15}$. Combien Théo a-t-il de morceaux de rock dans son lecteur audio ?

▶ **3.** Alice possède 40 % de morceaux de rock dans son lecteur audio. Si Théo et Alice appuient tous les deux sur la touche « lecture aléatoire » de leur lecteur audio, lequel a le plus de chances d'écouter un morceau de rock ?

LES CLÉS DU SUJET

■ **Points du programme**

Probabilités • Fractions.

■ **Nos coups de pouce**

▶ **3.** Un pourcentage est une fraction de dénominateur 100.

CORRIGÉ 43

▶ **1.** p (« Théo écoute du rap ») $= \dfrac{125}{375} = \boxed{\dfrac{1}{3}}$.

▶ **2.** Si x est le nombre de morceaux de rock sur le lecteur de Théo, alors x vérifie : $\dfrac{7}{15} = \dfrac{x}{375}$.

Avec un produit en croix, on trouve : $\boxed{x = 175}$.

▶ **3.** p (« Théo écoute du rock ») $= \dfrac{7}{15} = \dfrac{70}{150}$.

p(« Alice écoute du rock ») $= \dfrac{40}{100} = \dfrac{60}{150}$.

Donc c'est Théo qui a le plus de chance d'écouter un morceau de rock.

> **RAPPEL**
> Pour comparer deux fractions, il suffit de les mettre au même dénominateur.

Polynésie française • Septembre 2018
Exercice 2 • 14 points

France - Portugal

Un amateur de football, après l'Euro 2016, décide de s'intéresser à l'historique des treize dernières rencontres entre la France et le Portugal, regroupées dans le tableau ci-dessous.

On rappelle la signification des résultats ci-dessous en commentant deux exemples :
- la rencontre du 3 mars 1973, qui s'est déroulée en France, a vu la victoire du Portugal par 2 buts à 1 ;
- la rencontre du 8 mars 1978, qui s'est déroulée en France, a vu la victoire de la France par 2 buts à 0.

Rencontres de football opposant la France et le Portugal depuis 1973		
3 mars 1973	France – Portugal	1 – 2
26 avril 1975	France – Portugal	0 – 2
8 mars 1978	France – Portugal	2 – 0
16 février 1983	Portugal – France	0 – 3
23 juin 1984	France – Portugal	3 – 2
24 janvier 1996	France – Portugal	3 – 2
22 janvier 1997	Portugal – France	0 – 2
28 juin 2000	Portugal – France	1 – 2
25 avril 2001	France – Portugal	4 – 0
5 juillet 2006	Portugal – France	0 – 1
11 octobre 2014	France – Portugal	2 – 1
4 septembre 2015	Portugal – France	0 – 1
10 juillet 2016	France – Portugal	0 – 1

▶ **1.** Depuis 1973, combien de fois la France a-t-elle gagné contre le Portugal ?

▶ **2.** Calculer le pourcentage du nombre de victoires de la France contre le Portugal depuis 1973. Arrondir le résultat à l'unité de %.

▶ **3.** Le 3 mars 1973, 3 buts ont été marqués au cours du match. Calculer le nombre moyen de buts par match sur l'ensemble des rencontres. Arrondir le résultat au dixième.

Résoudre des problèmes de proportionnalité **CORRIGÉ 44**

LES CLÉS DU SUJET

■ **Points du programme**

Pourcentage • Moyenne.

■ **Nos coups de pouce**

▶ **1.** La réponse à la question posée se déduit tout simplement du tableau.

▶ **2.** Sur le tableau, lis le nombre n de victoires de la France et le nombre total N de rencontres disputées par la France et le Portugal.

Le pourcentage p recherché est donné par la relation $p = \dfrac{n}{N} \times 100$.

▶ **3.** Il s'agit de calculer la moyenne de buts marqués pendant les 13 matchs. Voir la définition de la moyenne d'une série statistique.

CORRIGÉ 44

▶ **1.** La lecture du tableau permet d'affirmer que la France a gagné 10 des 13 matchs livrés contre le Portugal.

▶ **2.** Le pourcentage p de victoires de la France est $p = \dfrac{10}{13} \times 100 = 77\ \%$ valeur arrondie à l'unité.

▶ **3.** La moyenne m d'une série statistique est égale au quotient de la somme de toutes les valeurs de la série par l'effectif total.

$$m = \dfrac{3+2+2+3+5+5+2+3+4+1+3+1+1}{13}$$

soit $m = \dfrac{35}{13}$.

$\boxed{m = 2{,}7}$ est une valeur arrondie au dixième.

ATTENTION !

Bien lire le texte ! Il s'agit de comptabiliser les buts marqués par les deux équipes sur l'ensemble des matchs disputés.

Le condensateur

Un condensateur est un composant électronique qui permet de stocker de l'énergie électrique pour la restituer plus tard.
Le graphique suivant montre l'évolution de la tension mesurée aux bornes d'un condensateur en fonction du temps lorsqu'il est en charge.

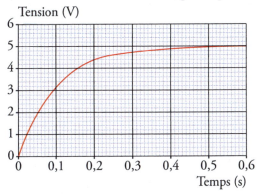

▶ **1.** S'agit-il d'une situation de proportionnalité ? Justifier.

▶ **2.** Quelle est la tension mesurée au bout de 0,2 s ?

▶ **3.** Au bout de combien de temps la tension aux bornes du condensateur aura-t-elle atteint 60 % de la tension maximale qui est estimée à 5 V ?

LES CLÉS DU SUJET

■ **Points du programme**

Lecture de courbe • Pourcentages.

■ **Nos coups de pouce**

▶ **3.** Pour appliquer un pourcentage à une quantité, multiplie le pourcentage par la quantité.

CORRIGÉ 45

▶ **1.** Il ne s'agit pas d'une situation de proportionnalité, car les points de la courbe ne sont pas alignés.

▶ **2.** Chaque petite subdivision de l'axe des ordonnées correspond à 0,2 V. Au bout de 0,2 s, la tension mesurée est de 4,4 V.

▶ **3.** 60 % de la tension maximale correspond à : $\dfrac{60}{100} \times 5 = 3$ V.

Chaque subdivision de l'axe des abscisses correspond à 0,01 s. Sur le graphique, la tension de 3 V s'obtient pour un temps de 0,09 s.

SUJET 46

Polynésie française • Septembre 2019
Exercice 6 • 15 points

L'éco-conduite

L'éco-conduite est un comportement de conduite plus responsable permettant de :
• réduire ses dépenses : moins de consommation de carburant et un coût d'entretien du véhicule réduit ;
• limiter les émissions de gaz à effet de serre ;
• réduire le risque d'accident de 10 à 15 % en moyenne.

▶ **1.** Un des grands principes est de vérifier la pression des pneus de son véhicule. On considère des pneus dont la pression recommandée par le constructeur est de 2,4 bars.

a) Sachant qu'un pneu perd environ 0,1 bar par mois, en combien de mois la pression des pneus sera descendue à 1,9 bar, s'il n'y a eu aucun gonflage ?

b) Le graphique ci-dessous donne un pourcentage approximatif de consommation supplémentaire de carburant en fonction de la pression des pneus (zone colorée) :

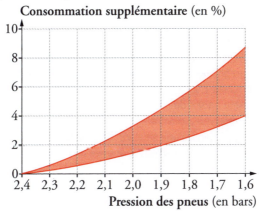

Source : www.eco-drive.ch

D'après le graphique pour des pneus gonflés à 1,9 bar alors que la pression recommandée est de 2,4 bars, donner un encadrement approximatif du pourcentage de la consommation supplémentaire de carburant.

▶ **2.** Paul a remarqué que lorsque les pneus étaient correctement gonflés, sa voiture consommait en moyenne 6 L aux 100 km. Il décide de s'inscrire à un stage d'éco-conduite afin de diminuer sa consommation en carburant et donc l'émission en CO_2.

En adoptant les principes de l'éco-conduite, un conducteur peut diminuer sa consommation de carburant d'environ 15 %. Il souhaite, à l'issue du stage, atteindre cet objectif.

a) Quelle sera alors la consommation moyenne de la voiture de Paul ?

b) Sachant qu'il effectue environ 20 000 km en une année, combien de litres de carburant peut-il espérer économiser ?

c) Sa voiture roule à l'essence sans plomb. Le prix moyen est de 1,35 €/L. Quel serait alors le montant de l'économie réalisée sur une année ?

d) Ce stage lui a coûté 200 €. Au bout d'un an, peut-il espérer amortir cette dépense ?

LES CLÉS DU SUJET

■ **Points du programme**

Lectures graphiques • Calculs avec des grandeurs mesurables • Pourcentages.

■ **Nos coups de pouce**

▶ **1. a)** Calcule la diminution de la pression des pneus.

b) Lis sur le graphique la plus petite et la plus grande ordonnée possible du point d'abscisse 1,9.

▶ **2. a)** Calcule la baisse de consommation lorsque les pneus sont convenablement gonflés.

b) Remarque qu'il s'agit d'une situation de proportionnalité.

d) Compare le prix du stage avec l'économie de carburant.

CORRIGÉ 46

▶ **1. a)** La pression des pneus recommandée par le constructeur est 2,4 bars. Lorsque la pression est de 1,9 bar, elle est descendue de (2,4 – 1,9) c'est-à-dire de 0,5 bar. Puisque le pneu perd 0,1 bar par mois, s'il n'y a aucun gonflage, la pression sera descendue à 1,9 bar au bout de 5 mois.

b) Nous lisons sur le graphique que les points A et B d'abscisse 1,9 possèdent une ordonnée comprise entre 2 et 4,5 (environ).

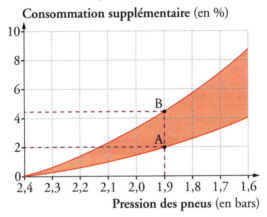

Donc un encadrement approximatif, en pourcentage, de la consommation supplémentaire de carburant est [2 ; 4,5].

▶ **2. a)** Une baisse de 15 % de la consommation d'un véhicule consommant 6 litres au 100 se traduit par une baisse de consommation égale à $6 \times \dfrac{15}{100}$ aux 100 km ou encore 0,9 litre aux 100 km. Alors la consommation est de (6 – 0,9) soit 5,1 L aux 100 km.

b) Une baisse de 0,9 litre de carburant aux 100 km correspond à une baisse de $\dfrac{0,9}{100} \times 20\,000$ pour 20 000 km soit 180 litres de carburant.

c) L'économie réalisée sur une année sera de 180 × 1,35 soit 243 euros.

d) Le prix du stage est de 200 euros et l'économie réalisée en pratiquant l'éco-conduite est de 243 euros.

Conclusion : Paul peut espérer amortir le coût du stage.

SUJET 47

France métropolitaine • Juin 2017
Exercice 7 • 7 points

Les pots de confiture

Léo a ramassé des fraises pour faire de la confiture.

▶ **1.** Il utilise les proportions de sa grand-mère : 700 g de sucre pour 1 kg de fraises.
Il a ramassé 1,8 kg de fraises. De quelle quantité de sucre a-t-il besoin ?

▶ **2.** Après cuisson, Léo a obtenu 2,7 litres de confiture.
Il verse la confiture dans des pots cylindriques de 6 cm de diamètre et de 12 cm de haut, qu'il remplit jusqu'à 1 cm du bord supérieur.
Combien de pots pourra-t-il remplir ?
Rappels : 1 litre = 1 000 cm^3 ; volume d'un cylindre = $\pi \times R^2 \times h$.

▶ **3.** Il colle ensuite sur ses pots une étiquette rectangulaire de fond blanc qui recouvre toute la surface latérale du pot.
a) Montrer que la longueur de l'étiquette est d'environ 18,8 cm.
b) Dessiner l'étiquette à l'échelle $\frac{1}{3}$.

LES CLÉS DU SUJET

■ **Points du programme**

Proportionnalité • Volume d'un cylindre • Conversions de volumes • Semi-patron d'un cylindre.

■ **Nos coups de pouce**

▶ **1.** Utilise la proportionnalité entre les quantités de sucre et de fraises.
▶ **3.** Le patron d'un cylindre est, entre autres, constitué d'un rectangle dont la largeur correspond à la hauteur du cylindre et la longueur, au périmètre du cercle de base.

CORRIGÉ 47

▶ **1.** Il y a proportionnalité entre les quantités de sucre et de fraises :

Quantité de fraises (en kg)	1	1,8
Quantité de sucre (en g)	700	x

On trouve : $x = 700 \times 1,8 = \boxed{1\,260}$

Donc il faudra 1 260 g de sucre.

▶ **2.** Les pots sont cylindriques avec pour rayon de base 3 cm et hauteur de remplissage 11 cm.
Le volume d'un pot est donc égal à :
$\pi \times r^2 \times h = \pi \times 3^2 \times 11 = 99\pi \approx 311$ cm^3.

ATTENTION
Il faut diviser le diamètre par 2 pour obtenir le rayon.

Par conversion, on a : 311 cm^3 = 0,311 L.

Comme $\dfrac{2,7}{0,311} \approx 8,7$, il pourra donc remplir entièrement 8 pots.

▶ **3. a)** La longueur L de l'étiquette correspond au périmètre du disque de base du pot.

Donc : $L = \pi \times D = \pi \times 6 \approx \boxed{18,8 \text{ cm}}$.

b) L'échelle de représentation est $\dfrac{1}{3}$.

Cela signifie que toutes les dimensions réelles sont divisées par 3.

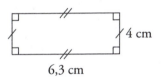

Le rectangle tracé aura donc pour longueur $18,8 \div 3 \approx 6,3$ cm et pour largeur $12 \div 3 = 4$ cm.

SUJET 48

Centres étrangers • Juin 2019
Exercice 6 • 14 points

La randonnée

Une famille a effectué une randonnée en montagne. Le graphique ci-après donne la distance parcourue en km en fonction du temps en heures.

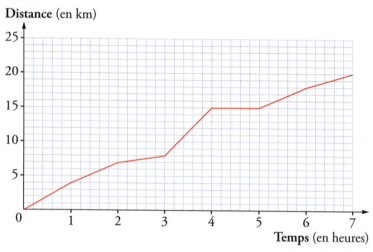

▶ **1.** Ce graphique traduit-il une situation de proportionnalité ? Justifier la réponse.

▶ **2.** On utilisera le graphique pour répondre aux questions suivantes. Aucune justification n'est demandée.
a) Quelle est la durée totale de cette randonnée ?
b) Quelle distance cette famille a-t-elle parcourue au total ?
c) Quelle est la distance parcourue au bout de 6 h de marche ?
d) Au bout de combien de temps ont-ils parcouru les 8 premiers km ?
e) Que s'est-il passé entre la 4e et la 5e heure de randonnée ?

▶ **3.** Un randonneur expérimenté marche à une vitesse moyenne de 4 km/h sur toute la randonnée.
Cette famille est-elle expérimentée ? Justifier la réponse.

Résoudre des problèmes de proportionnalité **CORRIGÉ 48**

LES CLÉS DU SUJET

■ **Points du programme**

Situation de proportionnalité • Lectures graphiques • Vitesse moyenne

■ **Nos coups de pouce**

▶ **1.** Une situation de proportionnalité est graphiquement représentée par une droite passant par l'origine du repère.

▶ **2.** Sur le graphique :

a) Lis l'abscisse du point A.

b) Lis l'ordonnée du point A.

c) Lis l'ordonnée du point B d'abscisse 6.

d) Lis l'abscisse du point C d'ordonnée 8.

e) Quelle distance a été parcourue entre la 4ᵉ et la 5ᵉ heure ?

▶ **3.** Utilise la relation $v = \dfrac{d}{t}$ où d désigne la distance parcourue, t le temps mis pour la parcourir et v la vitesse moyenne réalisée.

CORRIGÉ 48

▶ **1.** Le graphique ne traduit **pas une situation de proportionnalité**. En effet ce n'est pas une droite passant par l'origine du repère.

▶ **2. a)** Le point A situé sur le graphique a pour abscisse 7.

La durée totale de la randonnée est de **7 heures.**

ATTENTION !
Le point A situé sur le graphique représente l'arrivée de la randonnée.

b) Le point A situé sur le graphique a pour ordonnée 20.

La famille a parcouru **20 km.**

c) Le point B situé sur le graphique et d'abscisse 6 a pour ordonnée 18.

La distance parcourue au bout de 6 h de marche est de **18 km.**

d) Le point C situé sur le graphique et d'ordonnée 8 a pour abscisse 3.

Les 8 premiers kilomètres ont été parcourus en **3 heures.**

e) Aucune distance n'a été parcourue entre la 4ᵉ et la 5ᵉ heure.

Cela peut correspondre à **une pause.**

▶ **3.** Calculons la vitesse moyenne v de la famille au cours de la randonnée.

Cette famille a parcouru 20 km en 7 h.

Donc $v = \dfrac{d}{t} = \dfrac{20}{7}$ km/h. Nous remarquons que $\dfrac{20}{7} < 4$.

Conclusion : la famille n'est pas expérimentée.

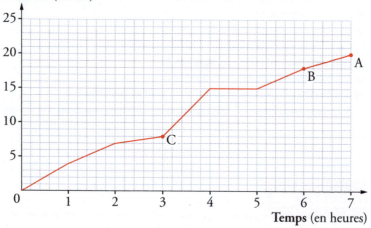

Les pièces montées

Pour le mariage de Dominique et Camille, le pâtissier propose deux pièces montées constituées de gâteaux de taille et de forme différentes.

La tour de Pise

La première pièce montée est constituée d'un empilement de 4 gâteaux de forme cylindrique, de même hauteur et dont le diamètre diminue de 8 cm à chaque étage.

Le gâteau du bas a pour diamètre 30 cm et pour hauteur 6 cm.

La tour Carrée

La deuxième pièce montée est constituée d'un empilement de 3 pavés droits à base carrée de même hauteur. La longueur du côté de la base diminue de 8 cm à chaque étage.

La hauteur des gâteaux est 8 cm ; le côté de la base du gâteau du bas mesure 24 cm.

Tous les gâteaux ont été confectionnés à partir de la recette ci-dessous, qui donne la quantité des ingrédients correspondant à 100 g de chocolat.

Recette du gâteau pour 100 g de chocolat :	• 65 g de sucre • 2 œufs • 75 g de beurre • 30 g de farine

Résoudre des problèmes de proportionnalité **CORRIGÉ 49**

▶ **1.** Quel est le ratio (masse de beurre : masse de chocolat) ? Donner le résultat sous forme de fraction irréductible.

▶ **2.** Calculer la quantité de farine nécessaire pour 250 g de chocolat noir suivant la recette ci-avant.

▶ **3.** Calculer la longueur du côté de la base du plus petit gâteau de la tour Carrée.

▶ **4.** Quelle est la tour qui a le plus grand volume ? Justifier votre réponse en détaillant les calculs.
On rappelle que le volume V d'un cylindre de rayon r et de hauteur h est donné par la formule : $V = \pi \times r^2 \times h$.

LES CLÉS DU SUJET

■ **Points du programme**

Ratio • Proportionnalité • Volumes.

■ **Nos coups de pouce**

▶ **2.** C'est une situation de proportionnalité.

CORRIGÉ 49

▶ **1.** Le ratio est :
$$\frac{\text{masse de beurre}}{\text{masse de chocolat}} = \frac{75}{100} = \frac{3}{4}$$

$$\boxed{\text{Ratio} = \frac{3}{4}}.$$

▶ **2.** On peut dresser un tableau de proportionnalité :

Masse de chocolat (g)	100	250
Masse de farine (g)	30	x

$x = \dfrac{30 \times 250}{100} = 75$ g.

Donc il faut 75 g de farine pour 250 g de chocolat noir.

Résoudre des problèmes de proportionnalité **CORRIGÉ** **49**

▶ **3.** Chaque étage perd 8 cm de longueur de côté, donc le côté du plus petit carré de la tour Carrée mesure :

$$\boxed{24 - 8 - 8 = 8 \text{ cm}}.$$

▶ **4.** Le volume de la tour Carrée est :

$V_{\text{tour Carrée}} = V_{1^{\text{er}} \text{ étage}} + V_{2^{\text{e}} \text{ étage}} + V_{3^{\text{e}} \text{ étage}}$

$V_{\text{tour Carrée}} = 24 \times 24 \times 8 + 16 \times 16 \times 8 + 8 \times 8 \times 8$

$V_{\text{tour Carrée}} = 4\,608 + 2\,048 + 512$

$\boxed{V_{\text{tour Carrée}} = 7\,168 \text{ cm}^3}.$

ATTENTION !
N'oublie pas d'enlever 8 cm au diamètre ou au côté quand tu passes d'un étage à l'autre.

Le volume de la tour de Pise est :

$V_{\text{tour de Pise}} = V_{1^{\text{er}} \text{ étage}} + V_{2^{\text{e}} \text{ étage}} + V_{3^{\text{e}} \text{ étage}} + V_{4^{\text{e}} \text{ étage}}$

$V_{\text{tour de Pise}} = \pi \times 15^2 \times 6 + \pi \times 11^2 \times 6 + \pi \times 7^2 \times 6 + \pi \times 3^2 \times 6$

$V_{\text{tour de Pise}} = 2\,424\pi$

$\boxed{V_{\text{tour de Pise}} \approx 7\,615 \text{ cm}^3}.$

C'est donc la tour de Pise qui a le plus grand volume.

DONNÉES, FONCTIONS

Centres étrangers • Juin 2018
Exercice 5 • 18 points

Facture de gaz

Sur une facture de gaz, le montant à payer tient compte de l'abonnement annuel et du prix correspondant au nombre de kilowattheures (kWh) consommés.
Deux fournisseurs de gaz proposent les tarifs suivants :

	Prix du kWh	Abonnement annuel
Tarif A (en €)	0,0609	202,43
Tarif B (en €)	0,0574	258,39

En 2016, la famille de Romane a consommé 17 500 kWh. Le montant annuel de la facture de gaz correspondant était de 1 268,18 €.

▶ **1.** Quel est le tarif souscrit par cette famille ?
Depuis 2017, cette famille diminue sa consommation de gaz par des gestes simples (baisser le chauffage de quelques degrés, mettre un couvercle sur la casserole d'eau pour la porter à ébullition, réduire le temps sous l'eau dans la douche, etc.).

▶ **2.** En 2017, cette famille a gardé le même fournisseur de gaz, mais sa consommation en kWh a diminué de 20 % par rapport à celle de 2016.
a) Déterminer le nombre de kWh consommés en 2017.
b) Quel est le montant des économies réalisées par la famille de Romane entre 2016 et 2017 ?

▶ **3.** On souhaite déterminer la consommation maximale assurant que le tarif A est le plus avantageux. Pour cela :
• On note x le nombre de kWh consommés sur l'année.
• On modélise les tarifs A et B respectivement par les fonctions f et g :
$f(x) = 0,0609x + 202,43$ et $g(x) = 0,0574x + 258,39$.
a) Quelles sont la nature et la représentation graphique de ces fonctions ?
b) Résoudre l'inéquation : $f(x) < g(x)$.
c) En déduire une valeur approchée au kWh près de la consommation maximale pour laquelle le tarif A est le plus avantageux.

LES CLÉS DU SUJET

■ Points du programme

Fonctions affines • Pourcentages • Résolution d'inéquation.

■ Nos coups de pouce

▶ **1.** Calcule les montants annuels de la facture avec le tarif A puis avec le tarif B. Conclus.

▶ **2.** Une diminution de n % d'une quantité Q correspond à une diminution de $\frac{n}{100} \times Q$. Calcule la diminution de la consommation en 2017.

▶ **3.** Résous l'inéquation $0{,}0609x + 202{,}43 < 0{,}0574x + 258{,}39$. Conclus.

CORRIGÉ 50

▶ **1.** Notons P_A le montant de la facture avec le tarif A.
$P_A = 17\,500 \times 0{,}0609 + 202{,}43$ soit $P_A = 1\,268{,}18$ euros.
Notons P_B le montant de la facture avec le tarif B.
$P_B = 17\,500 \times 0{,}0574 + 258{,}39$ soit $P_B = 1\,262{,}89$ euros.
La famille a souscrit le tarif A.

▶ **2. a)** La consommation de gaz a diminué de 20 % en 2017.
Cela correspond à $\frac{20}{100} \times 17\,500$ soit 3 500 kWh en moins.
La famille a donc consommé $17\,500 - 3\,500$ kWh soit $\boxed{14\,000 \text{ kWh}}$.

b) Le montant des économies réalisées est
$3\,500 \times 0{,}0609$ soit $\boxed{213{,}15 \text{ euros}}$.

> **ATTENTION !**
> Les économies réalisées se font sur la consommation de gaz et non sur l'abonnement annuel dont le prix est invariant !

▶ **3. a)** f et g sont deux fonctions affines. Chacune d'elle admet pour représentation graphique une droite ne passant pas par l'origine du repère.

b) Résolvons l'inéquation $f(x) < g(x)$.

Nous avons $0,0609x + 202,43 < 0,0574x + 258,39$.

$0,0609x - 0,0574x < 258,39 - 202,43$

$0,0035x < 55,96$

$\boxed{x < \dfrac{55,96}{0,0035}}$

> **ATTENTION !**
> Pour obtenir le résultat final, on divise chaque membre de l'inéquation par un nombre positif. On ne change donc pas le sens de l'inégalité !

c) Une valeur approchée à l'unité de $\dfrac{55,96}{0,0035}$ est 15 988.

Conclusion : 15 988 est une valeur approchée au kWh près de la consommation maximale pour laquelle le tarif A est le plus avantageux.

SUJET 51

Asie • Juin 2018
Exercice 8 • 10 points

Volume de glace

Lorsqu'on fait geler de l'eau, le volume de glace obtenu est proportionnel au volume d'eau utilisé.
En faisant geler 1,5 L d'eau on obtient 1,62 L de glace.

▶ **1.** Montrer qu'en faisant geler 1 L d'eau, on obtient 1,08 L de glace.

▶ **2.** On souhaite compléter le tableau ci-dessous à l'aide d'un tableur. Quelle formule peut-on saisir dans la cellule B2 avant de la recopier vers la droite jusqu'à la cellule G2 ?

	A	B	C	D	E	F	G
1	Volume d'eau initial (en L)	0,5	1	1,5	2	2,5	3
2	Volume de glace obtenu (en L)						

▶ **3.** Quel graphique représente le volume de glace obtenu (en L) en fonction du volume d'eau contenu dans la bouteille au départ (en L) ?
On rappelle que toute réponse doit être justifiée.

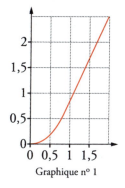
Graphique n° 1

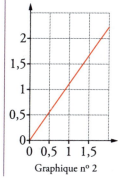
Graphique n° 2

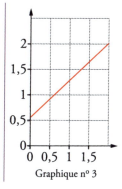
Graphique n° 3

LES CLÉS DU SUJET

■ **Points du programme**

Proportionnalité • Tableur • Interprétation graphique.

■ **Nos coups de pouce**

▶ **1.** Utilise un tableau de proportionnalité.

▶ **3.** Dans une situation de proportionnalité, la représentation graphique est une droite passant par l'origine de repère.

CORRIGÉ 51

▶ **1.** Utilisons un tableau de proportionnalité.

Nombre de litres d'eau	1,5	1
Nombre de litres de glace	1,62	N

En utilisant le « produit en croix » on trouve $N = \dfrac{1 \times 1,62}{1,5} = 1,08$.

Conclusion : avec 1 L d'eau, on obtient 1,08 L de glace.

▶ **2.** La formule à saisir en B2 est : $\boxed{=1,08*B1}$.

ATTENTION !
Ne pas oublier de mettre le signe « = » au début de la formule.

▶ **3.** Nous savons que dans une situation de proportionnalité la représentation graphique est une droite passant par l'origine du repère.

La bonne réponse est le graphique n° 2.

Amérique du Nord • Juin 2019
Exercice 6 • 12 points

Le médicament

Les deux parties A et B sont indépendantes.

PARTIE A • ABSORPTION DU PRINCIPE ACTIF D'UN MÉDICAMENT

Lorsqu'on absorbe un médicament, que ce soit par voie orale ou non, la quantité de principe actif de ce médicament dans le sang évolue en fonction du temps. Cette quantité se mesure en milligrammes par litre de sang.

Le graphique ci-dessous représente la quantité de principe actif d'un médicament dans le sang, en fonction du temps écoulé, depuis la prise de ce médicament.

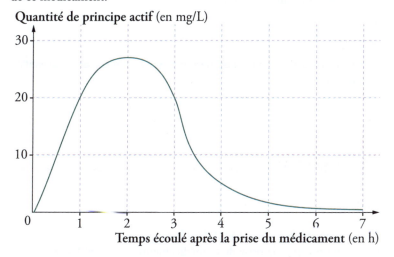

▶ **1.** Quelle est la quantité de principe actif dans le sang, trente minutes après la prise de ce médicament ?

▶ **2.** Combien de temps après la prise de ce médicament, la quantité de principe actif est-elle la plus élevée ?

PARTIE B • COMPARAISON DE MASSES D'ALCOOL DANS DEUX BOISSONS

On fournit les données ci-dessous :

Formule permettant de calculer la masse d'alcool en g dans une boisson alcoolisée : $m = V \times d \times 7,9$ V : volume de la boisson alcoolisée en cL d : degré d'alcool de la boisson (exemple, un degré d'alcool de 2 % signifie que d est égal à 0,02)	Deux exemples de boissons alcoolisées : **Boisson ①** Degré d'alcool : 5 % Contenance : 33 cL **Boisson ②** Degré d'alcool : 12 % Contenance : 125 mL

▶ Question : la boisson ① contient-elle une masse d'alcool supérieure à celle de la boisson ② ?

LES CLÉS DU SUJET

■ **Points du programme**

Calcul littéral • Lecture de courbe.

■ **Nos coups de pouce**

Partie B
Pense à prendre l'écriture décimale des pourcentages et à convertir les mL en cL.

CORRIGÉ 52

PARTIE A

▶ **1.** La quantité de principe actif dans le sang, trente minutes après la prise de ce médicament, est de $\boxed{10 \text{ mg/L}}$.

> **RAPPEL**
> 30 minutes correspondent à ½ h.

▶ **2.** La quantité de principe actif est la plus élevée au bout de $\boxed{2 \text{ h}}$.

PARTIE B

- La masse d'alcool présente dans la boisson alcoolisée ① est de :

$m_1 = V_1 \times d_1 \times 7{,}9 = 33 \times 0{,}05 \times 7{,}9 = \boxed{13{,}035 \text{ g}}$

- La masse d'alcool présente dans la boisson alcoolisée ② est de :

$m_2 = V_2 \times d_2 \times 7{,}9 = 12{,}5 \times 0{,}12 \times 7{,}9 = \boxed{11{,}85 \text{ g}}$

Donc la boisson ① contient une masse d'alcool supérieure à celle de la boisson ②.

Magazine sportif

Une personne s'intéresse à un magazine sportif qui paraît une fois par semaine. Elle étudie plusieurs formules d'achat de ces magazines qui sont détaillées ci-après.

- Formule A – Prix du magazine à l'unité : 3,75 €.
- Formule B – Abonnement pour l'année : 130 €.
- Formule C – Forfait de 30 € pour l'année et 2,25 € par magazine.

On donne ci-dessous les représentations graphiques qui correspondent à ces trois formules.

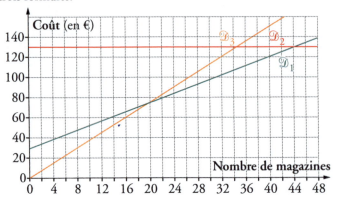

▶ **1.** Sur votre copie, recopier le contenu du cadre ci-dessous et relier par un trait chaque formule d'achat avec sa représentation graphique.

Formule A •	• $\mathcal{D}_1$
Formule B •	• $\mathcal{D}_2$
Formule C •	• $\mathcal{D}_3$

▶ **2.** En utilisant le graphique, répondre aux questions suivantes.
Les traits de construction devront apparaître sur le graphique.

a) En choisissant la formule A, quelle somme dépense-t-on pour acheter 16 magazines dans l'année ?

b) Avec 120 €, combien peut-on acheter de magazines au maximum dans une année avec la formule C ?
c) Si on décide de ne pas dépasser un budget de 100 € pour l'année, quelle est alors la formule qui permet d'acheter le plus grand nombre de magazines ?

▶ **3.** Indiquer la formule la plus avantageuse selon le nombre de magazines achetés dans l'année.

LES CLÉS DU SUJET

■ **Points du programme**

Fonctions constantes, linéaires et affines • Lectures graphiques.

■ **Nos coups de pouce**

▶ **1.** Remarque que :
– la droite $\mathcal{D}_1$ est la représentation d'une fonction affine ;
– la droite $\mathcal{D}_2$ est la représentation d'une fonction constante ;
– la droite $\mathcal{D}_3$ est la représentation d'une fonction linéaire.

▶ **2. a)** Lis l'ordonnée du point P de $\mathcal{D}_3$ d'abscisse 16.
b) Lis l'abscisse du point Q de $\mathcal{D}_1$ d'ordonnée 120.
c) Trace la droite $\mathcal{D}_4$ d'équation $y = 100$. Compare les abscisses des points d'intersection respectifs des droites $\mathcal{D}_1$ et $\mathcal{D}_4$ d'une part et $\mathcal{D}_3$ et $\mathcal{D}_4$ d'autre part.

▶ **3.** À partir des représentations graphiques, décris les positions relatives des droites $\mathcal{D}_1$, $\mathcal{D}_2$ et $\mathcal{D}_3$. Conclus.

CORRIGÉ 53

▶ **1.**

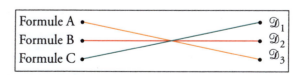

$\mathcal{D}_3$ est la représentation graphique de la formule A. En effet la droite passe par l'origine du repère ce qui implique que le coût est nul si l'on n'achète aucun magazine.

$\mathcal{D}_2$ est la représentation graphique de la formule B. En effet le coût est constant et de 130 euros quel que soit le nombre de magazines achetés pendant l'année.

$\mathcal{D}_1$ est la représentation graphique de la formule C. En effet si l'on n'achète aucun magazine, le coût de la formule C est de 30 euros.

▶ **2. a)** Le point P de $\mathcal{D}_3$, correspondant à la formule A, d'abscisse 16 a pour ordonnée 60.

Conclusion : on dépense 60 euros pour acheter 16 magazines pendant l'année avec la formule A.

b) Le point Q de $\mathcal{D}_1$, correspondant à la formule C, d'ordonnée 120 a pour abscisse 40.

Conclusion : on achète au maximum 40 magazines pendant l'année avec une somme de 120 euros en utilisant la formule C.

c) La droite $\mathcal{D}_4$ d'équation $y = 100$ coupe respectivement les droites $\mathcal{D}_1$ et $\mathcal{D}_3$ en S_1 et S_3. Nous lisons sur le graphique que l'abscisse de S_1 est plus grande que celle de S_3.

Conclusion : on achète plus de magazines en une année avec la formule C.

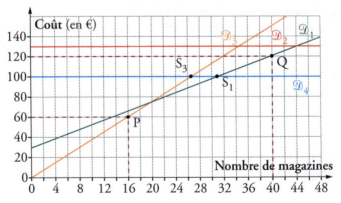

▶ **3.** Nous lisons sur le graphique :
• Si $x < 20$, $\mathcal{D}_3$ est en dessous de $\mathcal{D}_1$ et de $\mathcal{D}_2$. La formule A est alors la plus avantageuse.

• Si $x = 20$, les formules A et C sont les plus avantageuses et reviennent au même prix.

RAPPEL

Une formule A est plus avantageuse qu'une formule B pour le consommateur si son coût est moins élevé donc si la représentation graphique de la formule A est en-dessous de celle de la formule B.

- Si $20 < x < 44$, $\mathcal{D}_1$ est en dessous de $\mathcal{D}_3$ et de $\mathcal{D}_2$. La formule C est alors la plus avantageuse.

- Si $x = 44$, les formules A et B sont les plus avantageuses et reviennent au même prix.

- Si $x > 44$, $\mathcal{D}_2$ est en dessous de $\mathcal{D}_3$ et de $\mathcal{D}_1$. La formule B est alors la plus avantageuse.

REMARQUE

Les valeurs de 20 et 44 sont les approximations des abscisses des points d'intersection des courbes $\mathcal{D}_1$ et $\mathcal{D}_3$, et $\mathcal{D}_1$ et $\mathcal{D}_2$ lues sur le graphique.

Performance de deux nageurs

On étudie les performances de deux nageurs (nageur 1 et nageur 2).
La distance parcourue par le nageur 1 en fonction du temps est donnée par le graphique ci-dessous.

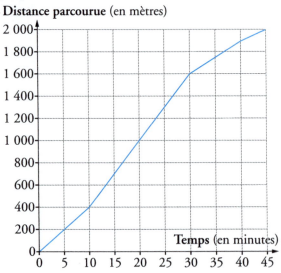

▶ **1.** Répondre aux questions suivantes par lecture graphique. Aucune justification n'est demandée.
a) Quelle est la distance totale parcourue lors de cette course par le nageur 1 ?
b) En combien de temps le nageur 1 a-t-il parcouru les 200 premiers mètres ?

▶ **2.** Y a-t-il proportionnalité entre la distance parcourue et le temps sur l'ensemble de la course ? Justifier.

▶ **3.** Montrer que la vitesse moyenne du nageur 1 sur l'ensemble de la course est d'environ 44 m/min.

Utiliser la notion de fonction **CORRIGÉ 54**

▶ **4.** On suppose maintenant que le nageur 2 progresse à vitesse constante. La fonction f définie par $f(x) = 50x$ représente la distance qu'il parcourt en fonction du temps x.
a) Calculer l'image de 10 par f.
b) Calculer $f(30)$.

▶ **5.** Les nageurs 1 et 2 sont partis en même temps.
a) Lequel est en tête au bout de 10 min ? Justifier.
b) Lequel est en tête au bout de 30 min ? Justifier.

LES CLÉS DU SUJET

■ **Points du programme**

Lectures graphiques • Proportionnalité • Calcul de la vitesse moyenne • Image d'un nombre par une fonction.

■ **Nos coups de pouce**

▶ **1. a)** Lis l'ordonnée du point A d'abscisse 45 et situé sur le graphique.
b) Lis l'abscisse du point B d'ordonnée 200 et situé sur le graphique.
▶ **2.** Observe si le graphique est une droite ou non.
▶ **3.** Applique la relation $d = v \times t$ où d désigne la distance parcourue, t le temps mis pour parcourir cette distance et v la vitesse moyenne réalisée.
▶ **4. a)** Calcule $f(10)$.
▶ **5. a)** Lis l'ordonnée du point C d'abscisse 10 et situé sur le graphique. Utilise le résultat trouvé pour $f(10)$. Conclus.
b) Lis l'ordonnée du point D d'abscisse 30 et situé sur le graphique. Utilise le résultat trouvé pour $f(30)$. Conclus.

CORRIGÉ 54

▶ **1. a)** Le point A d'abscisse 45 et situé sur le graphique a pour ordonnée 2 000.
Conclusion : la distance parcourue par le nageur 1 est égale à 2 000 m.

b) Le point B d'ordonnée 200 et situé sur le graphique a pour abscisse 5.

Conclusion : le nageur 1 a parcouru les 200 premiers mètres en 5 minutes.

▶ **2.** Le graphique n'est pas une droite. Donc pour le nageur 1, il n'y a pas proportionnalité entre la distance parcourue et le temps.

> **RAPPEL**
> Une situation de proportionnalité est représentée par une droite passant par l'origine du repère.

▶ **3.** Nous avons la relation $d = v \times t$ où d désigne la distance parcourue, t le temps mis pour parcourir cette distance et v la vitesse moyenne réalisée. Cette relation s'écrit encore $v = \dfrac{d}{t}$.

Nous avons $v = \dfrac{2\,000}{45} = 44{,}444\ldots$ soit environ 44 m/min.

▶ **4. a)** Nous avons $f(10) = 50 \times 10 = 500$.
b) Nous avons $f(30) = 50 \times 30 = 1\,500$.

▶ **5. a)** Le point C d'abscisse 10 et situé sur le graphique a pour ordonnée 400. Donc au bout de 10 min le nageur 1 a parcouru 400 m.
Puisque $f(10) = 500$ au bout de 10 min le nageur 2 a parcouru 500 m.
Conclusion : le nageur 2 est en tête au bout de 10 min.

b) Le point D d'abscisse 30 et situé sur le graphique a pour ordonnée 1 600. Donc au bout de 30 min le nageur 1 a parcouru 1 600 m.
Puisque $f(30) = 1\,500$ au bout de 30 min le nageur 2 a parcouru 1 500 m.

Conclusion : le nageur 1 est donc en tête au bout de 30 min.

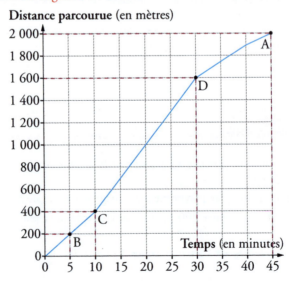

Récapitulatif d'une course à pied

Entraînement course à pied		
10,5 km Distance	**1 h 03 min** Durée	**6 min/km** Allure moyenne
851 Calories	**35 m** Gain d'altitude	

Après un de ses entraînements de course à pied, Bob reçoit de la part de son entraîneur le récapitulatif de sa course, reproduit ci-dessus.
L'allure moyenne du coureur est le quotient de la durée de la course par la distance parcourue et s'exprime en min/km.
Exemple : si Bob met 18 min pour parcourir 3 km, son allure est de 6 min/km.

▶ **1.** Bob s'étonne de ne pas voir apparaître sa vitesse moyenne. Calculer cette vitesse moyenne en km/h.

▶ **2.** Soit f la fonction définie pour tout $x > 0$ par $f(x) = \dfrac{60}{x}$, où x est l'allure en min/km et $f(x)$ est la vitesse en km/h.
Cette fonction permet donc de connaître la vitesse (en km/h) en fonction de l'allure (en min/km).
a) La fonction f est-elle une fonction linéaire ? Justifier.
b) Lors de sa dernière course, l'allure moyenne de Bob était de 5 min/km. Calculer l'image de 5 par f. Que représente le résultat obtenu ?

▶ **3.** Répondre aux questions suivantes en utilisant la représentation graphique de la fonction f ci-après :
a) Donner un antécédent de 10 par la fonction f.
b) Un piéton se déplace à environ 14 min/km. Donner une valeur approchée de sa vitesse en km/h.

Utiliser la notion de fonction SUJET 55

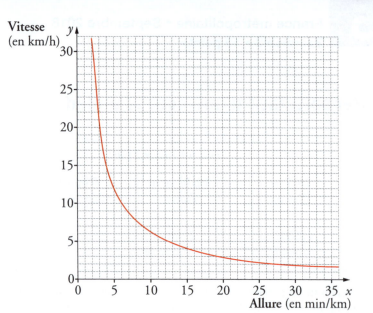

LES CLÉS DU SUJET

■ **Points du programme**

Calcul avec des grandeurs mesurables • Fonction : antécédents, images • Lectures graphiques.

■ **Nos coups de pouce**

▶ **1.** Utilise la relation $v = \dfrac{d}{t}$, où d représente la distance parcourue, t le temps mis pour la parcourir et v la vitesse moyenne réalisée.

▶ **2. a)** Revois la caractéristique essentielle de la représentation graphique d'une fonction linéaire.
b) Calcule $f(5)$.

▶ **3. a)** Lis l'abscisse d'un point P situé sur la représentation graphique et d'ordonnée 6.
b) Résous graphiquement l'équation $f(x) = 14$.

CORRIGÉ 55

▶ **1.** Nous avons la relation $v = \dfrac{d}{t}$, où d représente la distance parcourue, t le temps mis pour la parcourir et v la vitesse moyenne réalisée.

Or $d = 10{,}5$ km et $t = 1$ h 03 min, soit $t = 1 + \dfrac{3}{60} = \dfrac{63}{60} = \dfrac{21}{20}$ h.

Alors $v = \dfrac{10{,}5}{\dfrac{21}{20}} = 10{,}5 \times \dfrac{20}{21}$ soit $\boxed{v = 10 \text{ km/h}}$.

▶ **2. a)** Le graphe de la fonction f n'est pas une droite passant par l'origine du repère. En conséquence la fonction f n'est pas linéaire.

b) L'image de 5 par f est $f(5)$. Or $f(5) = \dfrac{60}{5}$ donc $\boxed{f(5) = 12}$.

Lorsque l'allure est de 5 min/km, la vitesse est égale à 12 km/h.

▶ **3. a)** Le point P situé sur la représentation graphique et d'ordonnée 10 a pour abscisse 6. Conclusion : un antécédent de 10 par f est 6.

b) Il faut lire graphiquement $f(14)$. L'ordonnée du point Q situé sur la représentation graphique et d'abscisse 14 est environ 4,2.

Conclusion : la vitesse du piéton est environ 4,2 km/h.

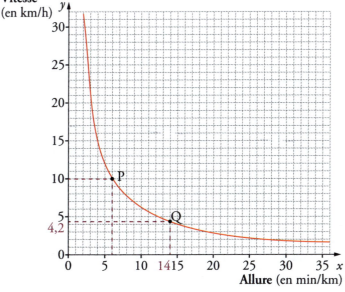

Reconnaître une fonction

Les représentations graphiques C_1 et C_2 de deux fonctions sont données dans le repère ci-dessous.
Une de ces deux fonctions est la fonction f définie par $f(x) = -2x + 8$.

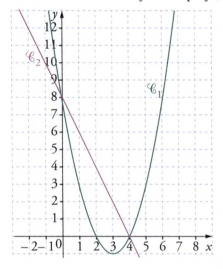

▶ **1.** Laquelle de ces deux représentations est celle de la fonction f ?

▶ **2.** Que vaut $f(3)$?

▶ **3.** Calculer le nombre qui a pour image 6 par la fonction f.

▶ **4.** La feuille de calcul ci-dessous permet de calculer des images par la fonction f.

	A	B	C	D	E	F	G
1	x	−2	−1	0	1	2	3
2	$f(x)$						

Quelle formule peut-on saisir dans la cellule B2 avant de l'étirer vers la droite jusqu'à la cellule G2 ?

Utiliser la notion de fonction **CORRIGÉ 56**

LES CLÉS DU SUJET

■ **Points du programme**

Fonction affine • Image • Antécédent • Tableur.

■ **Nos coups de pouce**

▶ **1.** L'expression algébrique d'une fonction affine est $f(x) = ax + b$.
▶ **2.** Remplace x par 3 dans $f(x) = -2x + 8$.
▶ **3.** Résous l'équation $f(x) = 6$.

CORRIGÉ 56

▶ **1.** La fonction f définie par $f(x) = -2x + 8$ est une fonction affine. En effet son expression algébrique est de la forme $f(x) = ax + b$. Sa représentation graphique est donc une droite.

Conclusion : C_2 est la représentation graphique de la fonction f.

▶ **2.** $f(x) = -2x + 8$, donc $f(3) = -2 \times 3 + 8$ soit :
$$\boxed{f(3) = 2}.$$

▶ **3.** Si x est le nombre qui a pour image 6 par la fonction f, alors :

$$f(x) = 6$$
$$-2x + 8 = 6$$
$$-2x = 6 - 8$$
$$-2x = -2$$
$$x = \frac{-2}{-2}$$
$$\boxed{x = 1}.$$

REMARQUE
L'image de 3 par la fonction f est 2.
L'antécédent de 6 par la fonction f est 1.

▶ **4.** La formule à saisir dans la cellule B2 est :
$$\boxed{\text{=-2*B1+8}}.$$

Amérique du Nord • Juin 2017
Exercice 6 • 10 points

Installation d'un grillage pour délimiter un enclos

Le schéma ci-contre représente le jardin de Leïla. Il n'est pas à l'échelle.
[OB] et [OF] sont des murs, OB = 6 m et OF = 4 m.
La ligne pointillée BCDEF représente le grillage que Leïla veut installer pour délimiter un enclos rectangulaire OCDE.
Elle dispose d'un rouleau de 50 m de grillage qu'elle veut utiliser entièrement.
Leïla envisage plusieurs possibilités pour placer le point C.

▶ **1.** En plaçant C pour que BC = 5 m, elle obtient que FE = 15 m.
a) Vérifier qu'elle utilise les 50 m de grillage.
b) Justifier que l'aire $\mathcal{A}$ de l'enclos OCDE est 209 m².

▶ **2.** Pour avoir une aire maximale, Leïla fait appel à sa voisine professeure de mathématiques qui, un peu pressée, lui écrit sur un bout de papier :
« En notant BC = x, on a $\mathcal{A}(x) = -x^2 + 18x + 144$. »
Vérifier que la formule de la voisine est bien cohérente avec le résultat de la question **1**.

Dans cette partie, les questions a) et b) ne nécessitent pas de justification.

▶ **3. a)** Leïla a saisi une formule en B2 puis l'a étirée jusqu'à la cellule I2.

B2	f_x	=−B1*B1+18*B1+144						
	A	B	C	D	E	F	G	H	I
1	x	5	6	7	8	9	10	11	12
2	$A(x)=-x^2+18x+144$	209	216	221	224	225	224	221	216
3									

Quelle formule est alors inscrite dans la cellule F2 ?

b) Parmi les valeurs figurant dans le tableau, quelle est celle que Leïla va choisir pour BC afin d'obtenir un enclos d'aire maximale ?
c) Donner les dimensions de l'enclos ainsi obtenu.

LES CLÉS DU SUJET

■ **Points du programme**

Aire d'un rectangle • Tableur • Fonction.

■ **Nos coups de pouce**

▶ **1. b)** L'aire d'un rectangle est égale au produit de sa longueur par sa largeur.
▶ **2.** Remplace x par 5 dans la formule donnée par la professeure.
▶ **3.** Lis la mesure de l'aire maximale sur la feuille de calcul du tableur puis conclus.

CORRIGÉ 57

▶ **1. a)** Dans cette question, toutes les longueurs sont exprimées en mètres.

Notons L la longueur du grillage nécessaire à la réalisation de l'enclos. Nous avons :
$L = BC + CD + DE + EF$. Mais :

Attention
On ne pose pas de grillage sur les murs.

BC = 5 et EF = 15,
CD = OE = OF + FE donc CD = 4 + 15 = 19,
DE = OC = OB + BC donc DE = 6 + 5 = 11.
Alors $L = 5 + 19 + 11 + 15 = 50$.

Conclusion : Leïla a bien utilisé les 50 m de grillage.

b) Notons $\mathcal{A}$ l'aire de l'enclos OCDE. Nous avons $\mathcal{A} = OC \times OE$.
Mais nous avons vu à la question précédente que OC = 11 et OE = 19.
Alors $\mathcal{A} = 11 \times 19 = 209$, soit $\mathcal{A} = 209$ m^2.

▶ **2.** Nous avons $\mathcal{A}(x) = -x^2 + 18x + 144$ avec BC = x. Calculons $\mathcal{A}(5)$.
$\mathcal{A}(5) = -5^2 + 18 \times 5 + 144$ soit $\mathcal{A}(5) = -25 + 90 + 144$ ou encore $\mathcal{A}(5) = 209$.

Conclusion : la formule donnée est bien cohérente avec le résultat de la question **1**.

▶ **3. a)** La formule inscrite dans la cellule F2 de la feuille de calcul est :
« =–F1*F1+18*F1+144 ».

b) Leïla va choisir pour BC la valeur 9. En effet, dans ce cas, l'aire de l'enclos mesure 225 m² et est maximale.

c) Nous savons maintenant que BC = 9.
Alors OC = OB + BC = 6 + 9 = 15.
Nous avons $\mathcal{A} = OC \times OE$.
Donc $225 = 15 \times OE$, c'est-à-dire $OE = \dfrac{225}{15} = 15$.

Conclusion : la longueur et la largeur de l'enclos rectangulaire mesurent toutes deux 15 m.

L'enclos OCDE est un carré de 15 m de côté.

Le réchauffement climatique

Les activités humaines produisent du dioxyde de carbone (CO_2) qui contribue au réchauffement climatique. Le graphique suivant représente l'évolution de la concentration atmosphérique moyenne en CO_2 (en ppm) en fonction du temps (en année).

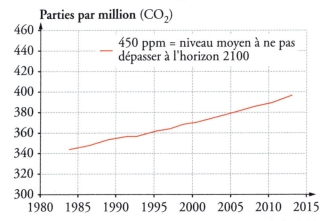

Source : Centre Mondial de Données relatives aux Gaz à Effet de Serre sous l'égide de l'OMM

1 ppm de CO_2 = 1 partie par million de CO_2
= 1 milligramme de CO_2 par kilogramme d'air.

▶ **1.** Déterminer graphiquement la concentration de CO_2 en ppm en 1995, puis en 2005.

▶ **2.** On veut modéliser l'évolution de la concentration de CO_2 en fonction du temps à l'aide d'une fonction g, où $g(x)$ est la concentration de CO_2 en ppm en fonction de l'année x.
a) Expliquer pourquoi une fonction affine semble appropriée pour modéliser la concentration en CO_2 en fonction du temps entre 1995 et 2005.

Utiliser la notion de fonction **CORRIGÉ 58**

b) Arnold et Billy proposent chacun une expression pour la fonction g : Arnold propose l'expression $g(x) = 2x - 3\,630$; Billy propose l'expression $g(x) = 2x - 2\,000$. Quelle expression modélise le mieux l'évolution de la concentration de CO_2 ? Justifier.

c) En utilisant la fonction que vous avez choisie à la question précédente, indiquer l'année pour laquelle la valeur de 450 ppm est atteinte.

▶ **3.** En France, les forêts, grâce à la photosynthèse, captent environ 70 mégatonnes de CO_2 par an, ce qui représente 15 % des émissions nationales de carbone (année 2016). Calculer une valeur approchée à une mégatonne près de la masse M du CO_2 émis en France en 2016.

LES CLÉS DU SUJET

■ **Points du programme**

Lectures graphiques • Fonctions.

■ **Nos coups de pouce**

▶ **1.** Lis l'ordonnée du point situé sur le graphique et d'abscisse 1995. Lis l'ordonnée du point situé sur le graphique et d'abscisse 2005.
▶ **2. a)** Remarque que le graphique est pratiquement une droite !
b) Calcule les images de 1995 et de 2005 en prenant l'expression proposée par Arnold puis celle proposée par Billy. Conclus.
▶ **3.** Note M la masse de CO_2 émise en France en 2016 puis traduis l'énoncé par une équation.

CORRIGÉ 58

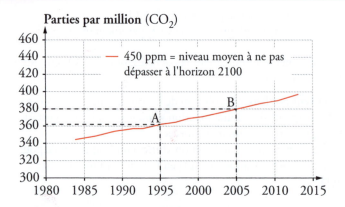

Utiliser la notion de fonction **CORRIGÉ 58**

▶ **1.** L'ordonnée du point A situé sur le graphique et d'abscisse 1995 est environ 360.

La concentration de CO_2 en 1995 était d'environ 360 ppm.

L'ordonnée du point B situé sur le graphique et d'abscisse 2005 est environ 380.

La concentration de CO_2 en 2005 était d'environ 380 ppm.

> **ATTENTION !**
> Ne pas oublier que les lectures graphiques ne peuvent pas fournir des valeurs exactes. D'où l'importance du mot « environ ».

▶ **2. a)** Entre A et B, le graphique obtenu est très voisin d'une droite. Donc une fonction affine semble appropriée pour modéliser la concentration en CO_2 en ppm et en fonction de l'année x.

b) Calculons les images des nombres 1995 puis 2005 en prenant l'expression choisie par Arnold : $g(x) = 2x - 3\,630$. On trouve :
$$g(1995) = 2 \times 1995 - 3\,630 = 360$$
$$g(2005) = 2 \times 2005 - 3\,630 = 380.$$

Calculons les images des nombres 1 995 puis 2005 en prenant l'expression choisie par Billy : $g(x) = 2x - 2\,000$. On trouve :
$$g(1995) = 2 \times 1995 - 2\,000 = 1\,990$$
$$g(2005) = 2 \times 2\,005 - 2\,000 = 2\,010.$$

À la première question, nous avons vu que les points (1995 ; 360) et (2005 ; 380) étaient sur le graphique.

Conclusion : l'expression d'Arnold, $g(x) = 2x - 3\,630$, modélise le mieux la concentration en CO_2.

c) Résolvons l'équation $2x - 3\,630 = 450$ soit :
$$2x = 450 + 3\,630$$
$$x = \frac{450 + 3\,630}{2} = 2\,040.$$

Conclusion : la valeur de 450 ppm sera atteinte en 2040.

▶ **3.** Notons M la masse de CO_2 émise en France en 2016.
$$\frac{15}{100} \times M = 70 \text{ ou encore } M = \frac{70 \times 100}{15} = 466{,}666\ldots$$

D'où, à une mégatonne près :

$\boxed{M = 467 \text{ mégatonnes}}$.

Le puits

Pour fabriquer un puits dans son jardin, Mme Martin a besoin d'acheter 5 cylindres en béton comme celui décrit ci-dessous.

Caractéristiques d'un cylindre :
- diamètre intérieur : 90 cm
- diamètre extérieur : 101 cm
- hauteur : 50 cm
- masse volumique du béton : 2 400 kg/m³

Rappel : volume d'un cylindre = $\pi \times$ rayon $\times$ rayon $\times$ hauteur
Dans sa remorque, elle a la place pour mettre les 5 cylindres mais elle ne peut transporter que 500 kg au maximum.
À l'aide des caractéristiques du cylindre, déterminer le nombre minimum d'allers-retours nécessaires à Mme Martin pour rapporter ses 5 cylindres avec sa remorque.

LES CLÉS DU SUJET

■ **Points du programme**

Volume d'un cylindre • Grandeurs composées.

■ **Nos coups de pouce**

Étape 1. Calcule le volume d'un cylindre en béton.
Étape 2. Calcule la masse d'un cylindre en béton.
Étape 3. Calcule le nombre de trajets à effectuer.

CORRIGÉ 59

• **Étape 1.** Calculer le volume d'un cylindre en béton.

> **ATTENTION !**
> Le cylindre n'est pas plein : il faut soustraire le volume intérieur au volume extérieur.

Le rayon intérieur d'un cylindre est :
$$\frac{90}{2} = 45 \text{ cm} = 0,45 \text{ m}.$$

Le rayon extérieur d'un cylindre est :
$$\frac{101}{2} = 50,5 \text{ cm} = 0,505 \text{ m}.$$

Le volume du cylindre extérieur est :
$$V_{\text{cylindre extérieur}} = \pi \times 0,505^2 \times 0,5 = 0,1275125\pi \text{ m}^3.$$

Le volume du cylindre intérieur est :
$$V_{\text{cylindre intérieur}} = \pi \times 0,45^2 \times 0,5 = 0,10125\pi \text{ m}^3.$$

D'où le volume d'un cylindre en béton :
$$V_{\text{cylindre en béton}} = V_{\text{cylindre extérieur}} - V_{\text{cylindre intérieur}}$$
$$V_{\text{cylindre en béton}} = 0,1275125\,\pi - 0,10125\,\pi$$
$$\boxed{V_{\text{cylindre en béton}} = 0,0262625\pi \text{ m}^3}.$$

• **Étape 2.** Calculer la masse d'un cylindre en béton.
$$M = 2\,400 \times 0,0262625\,\pi$$
$$\boxed{M \approx 198 \text{ kg}}.$$

• **Étape 3.** Estimer le nombre d'allers-retours à faire.

$2 \times 198 = 396 < 500$ et $3 \times 198 = 594 > 500$, donc Mme Martin ne peut transporter que 2 cylindres à la fois.

Donc elle devra faire 3 allers-retours pour tout transporter.

Antilles, Guyane • Juin 2019
Exercice 6 • 20 points

Les verres de jus de fruits

Pour servir ses jus de fruits, un restaurateur a le choix entre deux types de verres : un verre cylindrique A de hauteur 10 cm et de rayon 3 cm et un verre conique B de hauteur 10 cm et de rayon 5,2 cm.

Verre A   Verre B

Rappels :
- Volume d'un cylindre de rayon r et de hauteur h : $\pi \times r^2 \times h$
- Volume d'un cône de rayon r et de hauteur h : $\dfrac{1}{3} \times \pi \times r^2 \times h$
- 1 L = 1 dm^3

Le graphique ci-après représente le volume de jus de fruits dans chacun des verres en fonction de la hauteur de jus de fruits qu'ils contiennent.

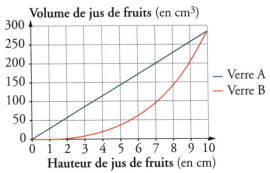

Calculer avec des grandeurs mesurables CORRIGÉ 60

▶ **1.** Répondre aux questions suivantes à l'aide du graphique ci-avant.
a) Pour quel verre le volume et la hauteur de jus de fruits sont-ils proportionnels ? Justifier.
b) Pour le verre A, quel est le volume de jus de fruits si la hauteur est de 5 cm ?
c) Quelle est la hauteur de jus de fruits si on en verse 50 cm^3 dans le verre B ?

▶ **2.** Montrer, par le calcul, que les deux verres ont le même volume total à 1 cm^3 près.

▶ **3.** Calculer la hauteur du jus de fruits servi dans le verre A pour que le volume de jus soit égal à 200 cm^3. Donner une valeur approchée au centimètre près.

▶ **4.** Un restaurateur sert ses verres de telle sorte que la hauteur du jus de fruits dans le verre soit égale à 8 cm.
a) Par lecture graphique, déterminer quel type de verre le restaurateur doit choisir pour servir le plus grand nombre possible de verres avec 1 L de jus de fruits.
b) Par le calcul, déterminer le nombre maximum de verres A qu'il pourra servir avec 1 L de jus de fruits.

LES CLÉS DU SUJET

■ **Points du programme**

Volumes • Équations du 1er degré à une inconnue • Lecture de graphiques • Conversions.

■ **Nos coups de pouce**

▶ **3.** Résous une équation.

CORRIGÉ 60

▶ **1. a)** La représentation graphique correspondant au verre A est une droite passant par l'origine du repère, donc le volume de jus de fruits et la hauteur sont proportionnels pour le verre A.
b) Pour le verre A, si la hauteur est de 5 cm, le volume de jus de fruits lu sur le graphique est environ 140 cm^3.

Calculer avec des grandeurs mesurables **CORRIGÉ 60**

c) Si on verse 50 cm^3 dans le verre B, la hauteur de jus de fruits lue sur le graphique est environ 5,6 cm.

▶ **2.** Le volume du verre A est :
$$V_{\text{verre A}} = \pi \times 3^2 \times 10 = 90\pi \approx 283 \text{ cm}^3.$$
Le volume du verre B est :
$$V_{\text{verre B}} = \frac{1}{3} \times \pi \times 5{,}2^2 \times 10 \approx 283 \text{ cm}^3.$$
Donc les volumes sont bien égaux à 1 cm^3 près.

▶ **3.** Si h est la hauteur du jus de fruits servi dans le verre A pour que le volume de jus soit égal à 200 cm^3, alors :
$$\pi \times 3^2 \times h = 200$$
$$h = \frac{200}{\pi \times 3^2}$$
$$\boxed{h \approx 7 \text{ cm}}.$$

▶ **4. a)** La courbe représentant l'évolution du volume du verre B est en dessous de celle qui représente l'évolution du volume du verre A.

Le restaurateur aura intérêt à choisir le verre B pour servir le plus grand nombre de verres.

b) Pour une hauteur de 8 cm :
$$V_{\text{verre A}} = \pi \times 3^2 \times 8 = 72\pi \text{ cm}^3.$$

RAPPEL
1 L = 1 000 cm^3.

Or 1 L = 1 000 cm^3 et $\dfrac{1\,000}{72\pi} \approx 4{,}4$ verres.

Conclusion : avec 1 L de jus de fruits, le restaurateur pourra servir au plus 4 verres A.

SUJET 61

Polynésie française • Septembre 2017
Exercice 5 • 7 points

Le marathon

L'épreuve du marathon consiste à parcourir le plus rapidement possible la distance de 42,195 km en course à pied. Cette distance se réfère historiquement à l'exploit effectué par le Grec Philipidès, en 490 av. J.-C., pour annoncer la victoire des Grecs contre les Perses. Il s'agit de la distance entre Marathon et Athènes.

▶ **1.** En 2014, le Kényan Dennis Kimetto a battu l'ancien record du monde en parcourant cette distance en 2 h 2 min 57 s. Quel est alors l'ordre de grandeur de sa vitesse moyenne :
5 km/h, 10 km/h ou 20 km/h ?

▶ **2.** Lors de cette même course, le Britannique Scott Overall a mis 2 h 15 min pour réaliser son marathon. Calculer sa vitesse moyenne en km/h. Arrondir la valeur obtenue au centième de km/h.

▶ **3.** Dans cette question, on considérera que Scott Overall court à une vitesse constante. Au moment où Dennis Kimetto franchit la ligne d'arrivée, déterminer :
a) le temps qu'il reste à courir à Scott Overall ;
b) la distance qu'il lui reste à parcourir. Arrondir le résultat au mètre près.

LES CLÉS DU SUJET

■ **Points du programme**

Calculs de vitesses • Conversions de durées • Différence de durées.

■ **Nos coups de pouce**

▶ **1.** Un ordre de grandeur consiste à prendre des nombres proches de ceux de l'énoncé mais plus simples à utiliser.
▶ **3.** Soustrais les deux temps de course.

CORRIGÉ 61

▶ **1.** Le Kenyan a parcouru les 42 km en environ 2 h.

RAPPEL $V = \dfrac{d}{t}$.

Sa vitesse est donc d'environ
$V = \dfrac{d}{t} = \dfrac{42}{2} = \boxed{21 \text{ km/h}}$.

L'ordre de grandeur de sa vitesse est 20 km/h.

▶ **2.** On a $d = 42{,}195$ km et $t = 2$ h 15 min $= 2{,}25$ h.
Donc : $V = \dfrac{d}{t} = \dfrac{42{,}195}{2{,}25} \approx \boxed{18{,}75 \text{ km/h}}$.

▶ **3. a)** La différence de temps de course entre les deux coureurs est de :
2 h 15 min − 2 h 2 min 57 s = 2 h 14 min 60 s − 2 h 2 min 57 s
$\hspace{8em}$ = 12 min 3 s.

Il restera à Scott Overall 12 min 3 s de course.

b) On a $t = 12$ min 3 s $= 12{,}05$ min.

RAPPEL Il y a 60 minutes dans 1 heure.

Puisque Scott Overall court à une vitesse de 18,75 km/h, on a :

$V = 18{,}75 \div 60 = 0{,}3125$ km/min.

$d = V \times t = 0{,}3125 \times 12{,}05 \approx \boxed{3{,}766 \text{ km}}$.

Il restera à Scott Overall 3,766 km à parcourir, au mètre près.

Le garage

Paul veut construire un garage dans le fond de son jardin.
Sur le schéma ci-dessous, la partie colorée représente le garage positionné en limite de propriété.
Les longueurs indiquées (1,6 m et 3 m) sont imposées ; la longueur marquée par un point d'interrogation est variable.

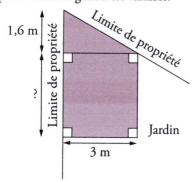

Toute trace de recherche, même incomplète, pourra être prise en compte dans la notation.

Sachant que la surface du garage ne doit pas dépasser 20 m², quelle valeur maximale peut-il choisir pour cette longueur variable ?

LES CLÉS DU SUJET

■ **Points du programme**

Aires de figures usuelles • Mise en inéquation et résolution.

■ **Nos coups de pouce**

Note x la longueur manquante et résous une inéquation.

Calculer avec des grandeurs mesurables **CORRIGÉ 62**

CORRIGÉ 62

Le garage est composé d'un triangle rectangle et d'un rectangle.

$\mathcal{A}_{\text{triangle rectangle}} = \dfrac{L \times l}{2} = \dfrac{1{,}6 \times 3}{2} = 2{,}4 \text{ m}^2$

$\mathcal{A}_{\text{rectangle}} = L \times l = 3x$

Donc $\mathcal{A}_{\text{garage}} = 3x + 2{,}4$.

On cherche donc à résoudre l'inéquation : $3x + 2{,}4 < 20$.

$3x < 20 - 2{,}4$

$3x < 17{,}6$

$x < \dfrac{17{,}6}{3} \approx 5{,}9$ m.

Conclusion : la longueur doit être inférieure à 5,9 m.

Une piscine cylindrique

Une famille désire acheter, pour les enfants, une piscine cylindrique hors-sol équipée d'une pompe électrique. Elle compte l'utiliser cet été du mois de juin au mois de septembre inclus. Elle dispose d'un budget de 200 €. À l'aide des documents suivants, dire si le budget de cette famille est suffisant pour l'achat de cette piscine et les frais de fonctionnement.

Laisser toute trace de recherche, même si elle n'est pas aboutie.

DOCUMENT 1 **Caractéristiques techniques**

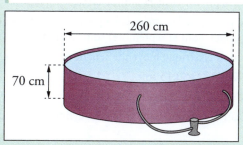

- Hauteur de l'eau : 65 cm.
- Consommation électrique moyenne de la pompe : 3,42 kWh par jour.
- Prix (piscine + pompe) : 80 €.

DOCUMENT 2 **Données**

- Prix d'un kWh : 0,15 €.
- Le kWh (kilowattheure) est l'unité de mesure de l'énergie électrique.
- Prix d'un m³ d'eau : 2,03 €.
- Le volume d'un cylindre est donné par la formule suivante :
$$\mathcal{V} = \pi \times r^2 \times h$$
où r est le rayon du cylindre et h sa hauteur.

Calculer avec des grandeurs mesurables **CORRIGÉ 63**

LES CLÉS DU SUJET

■ **Points du programme**

Calculs sur des grandeurs mesurables

■ **Nos coups de pouce**

Pour pouvoir effectuer l'achat de la piscine, il faut tenir compte de 3 dépenses : le prix de la piscine et de la pompe ; le prix de l'électricité ; le prix de l'eau.

Calcule ces 3 prix puis le coût total. Compare ce coût au budget. Conclus.

CORRIGÉ 63

Pour effectuer l'achat de la piscine, il faut tenir compte de 3 dépenses.

• Le prix p_1 de la piscine et de la pompe est $p_1 = 80$ euros.

• Calculons le prix p_2 de l'électricité. La piscine sera utilisée durant 4 mois (juin, juillet, août et septembre) soit 122 jours.

La consommation électrique moyenne sera de $3{,}42 \times 122$ kWh.

Alors $p_2 = 3{,}42 \times 122 \times 0{,}15$ soit $p_2 = 62{,}59$ euros.

• Calculons le prix p_3 de l'eau.

Le volume d'eau $\mathcal{V}$ contenu dans la piscine cylindrique est donné par la formule :

$\mathcal{V} = \pi \times r^2 \times h$ où r représente le rayon du cylindre et h la hauteur d'eau.

Nous avons $r = \dfrac{260}{2} = 130$ cm $= 1{,}3$ m et $h = 65$ cm $= 0{,}65$ m.

> **ATTENTION !**
> Il faut prendre la hauteur d'eau dans la piscine et non la hauteur de la piscine.

$$\mathcal{V} = \pi \times 1{,}3^2 \times 0{,}65 \text{ m}^2$$

Alors $p_3 = (\pi \times 1{,}3^2 \times 0{,}65) \times 2{,}03$ soit $p_3 = 7{,}01$ euros.

Le coût de la piscine pour la saison est
$p = p_1 + p_2 + p_3 = 80 + 62{,}59 + 7{,}01 = 149{,}60$ euros.

Conclusion : Un budget de 200 euros est suffisant pour l'achat de cette piscine ainsi que les frais de fonctionnement.

SUJET 64

Amérique du Nord • Juin 2018
Exercice 6 • 16 points

La terrasse en béton

Madame Martin souhaite réaliser une terrasse en béton en face de sa baie vitrée. Elle réalise le dessin ci-dessous.
Pour faciliter l'écoulement des eaux de pluie, le sol de la terrasse doit être incliné.
La terrasse a la forme d'un prisme droit dont la base est le quadrilatère ABCD et la hauteur est le segment [CG].
P est le point du segment [AD] tel que BCDP est un rectangle.

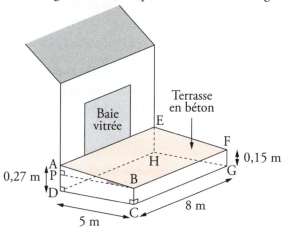

▶ **1.** L'angle $\widehat{ABC}$ doit mesurer entre 1° et 1,5°.
Le projet de madame Martin vérifie-t-il cette condition ?

▶ **2.** Madame Martin souhaite se faire livrer le béton nécessaire à la réalisation de sa terrasse.
Elle fait appel à une entreprise spécialisée.
À l'aide des informations contenues dans le tableau ci-après, déterminer le montant de la facture établie par l'entreprise.

On rappelle que toute trace de recherche, même incomplète, pourra être prise en compte dans l'évaluation.

Calculer avec des grandeurs mesurables CORRIGÉ 64

Information 1
Distance entre l'entreprise et la maison de madame Martin : 23 km.

Information 2
Formule du volume d'un prisme droit
Volume d'un prisme droit = aire de la base du prisme × hauteur du prisme.

Information 3
Conditions tarifaires de l'entreprise spécialisée
• Prix du m³ de béton : 95 €.
• Capacité maximale du camion-toupie : 6 m³.
• Frais de livraison : 5 € par km parcouru par le camion-toupie.
• L'entreprise facture les distances aller et retour (entreprise-lieu de livraison) parcourues par le camion-toupie.

LES CLÉS DU SUJET

■ Points du programme

Aires et volumes usuels • Trigonométrie • Proportionnalité.

■ Nos coups de pouce

▶ **1.** Détermine d'abord AP par soustraction de longueurs.
▶ **2.** La base de la terrasse est le quadrilatère ABCD.

CORRIGÉ 64

▶ **1.** Les points A, P et D sont alignés donc :
AP = AD − DP = 0,27 − 0,15 = 0,12 m.
Dans le triangle APB rectangle en P, on a :

$$\tan(\widehat{B}) = \frac{\text{côté opposé à l'angle } \widehat{B}}{\text{côté adjacent à l'angle } \widehat{B}} = \frac{AP}{PB} = \frac{0,12}{5}.$$

Donc $\widehat{B} = \tan^{-1}\left(\dfrac{0,12}{5}\right) \approx 1,4°$.

Le projet de Mme Martin vérifie bien la condition angulaire demandée.

Calculer avec des grandeurs mesurables **CORRIGÉ 64**

▶ **2.** Cherchons l'aire de la base ABCD :
Aire (ABCD) = aire (PDCB) + aire (APB)
$$= 5 \times 0,15 + \frac{5 \times 0,12}{2}$$
$$= 1,05 \text{ m}^2.$$
Cherchons le volume de la terrasse :
Volume(terrasse) = aire (ABCD) × hauteur
$$= 1,05 \times 8$$
$$= 8,4 \text{ m}^3.$$
Le prix payé pour le béton est : $95 \times 8,4 = 798$ €.

Cherchons le prix payé pour les déplacements du camion-toupie :

Il va falloir 2 déplacements donc 2 allers-retours.

Puisqu'un aller-retour correspond à 46 km, il sera facturé $5 \times 46 \times 2 = 460$ €.

ATTENTION ! N'oublie pas de compter des allers-retours !

Conclusion : Mme Martin paiera $798 + 460 = 1\ 258$ €.

SUJET 65

Asie • Juin 2017
Exercice 5 • 8 points

Pluviomètre

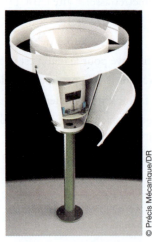

Pour mesurer les précipitations, Météo France utilise deux sortes de pluviomètres :
– des pluviomètres à lecture directe ;
– des pluviomètres électroniques.
La mesure des précipitations s'exprime en millimètres.
On donne ainsi la hauteur d'eau H qui est tombée en utilisant la formule :
$H = \dfrac{V}{S}$, où V est le volume d'eau tombée sur une surface S.
Pour H exprimée en mm, V est exprimée en mm^3 et S en mm^2.

PARTIE 1 • PLUVIOMÈTRES À LECTURE DIRECTE

Ces pluviomètres sont composés d'un cylindre de réception et d'un réservoir conique gradué.

▶ **1.** Vérifier à l'aide de la formule que lorsqu'il est tombé 1 mm de pluie, cela correspond à 1 L d'eau tombée sur une surface de 1 m².

▶ **2.** Un pluviomètre indique 10 mm de pluie. La surface qui reçoit la pluie est de 0,001 m².
Quel est le volume d'eau dans ce pluviomètre ?

PARTIE 2 • PLUVIOMÈTRES ÉLECTRONIQUES

Durant un épisode pluvieux, on a obtenu le graphique suivant grâce à un pluviomètre électronique :

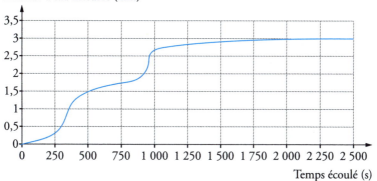

Hauteur d'eau mesurée en fonction du temps écoulé

▶ **1.** L'épisode pluvieux a commencé à 17 h 15.
Vers quelle heure la pluie s'est-elle arrêtée ?

▶ **2.** On qualifie les différents épisodes pluvieux de la façon suivante :

Types de pluie	Vitesse d'accumulation
Pluie faible	Jusqu'à 2,5 mm/h
Pluie modérée	Entre 2,6 et 7,5 mm/h
Pluie forte	Supérieure à 7,5 mm/h

À l'aide des informations données par le graphique et le tableau ci-dessus, cette pluie serait-elle qualifiée de faible, modérée ou forte ?

Calculer avec des grandeurs mesurables **CORRIGÉ 65**

LES CLÉS DU SUJET

■ **Points du programme**

Conversion d'aires et de volumes • Vitesse • Conversion de durées.

■ **Nos coups de pouce**

Partie 1
▶ **1.** Pour passer d'une unité à sa précédente, dans le cas d'un volume, (par exemple des mm³ au cm³) on divise par 1 000.

Partie 2
▶ **1.** Regarde le moment où la courbe se stabilise.

CORRIGÉ 65

PARTIE 1 • PLUVIOMÈTRES À LECTURE DIRECTE

▶ **1.** Pour utiliser la formule, on doit d'abord convertir la surface S de 1 m² en mm² : $S = 1\,000\,000$ mm².

On obtient alors :

$V = H \times S = 1 \times 1\,000\,000 = 1\,000\,000$ mm³ $= 1$ dm³ $= 1$ L.

Donc, lorsqu'il tombe 1 mm d'eau, cela correspond à 1 L d'eau tombée sur une surface de 1 m².

▶ **2.** Dans cette question, $S = 0{,}01$ m² $= 10\,000$ mm².

On a alors : $V = H \times S = 10 \times 10\,000 = 100\,000$ mm³ $= \boxed{0{,}1\,\text{L}}$.

PARTIE 2 • PLUVIOMÈTRES ÉLECTRONIQUES

▶ **1.** D'après le graphique, l'épisode pluvieux s'est arrêté au bout de 1 900 s, et $1\,900 = 31 \times 60 + 40$, donc 1 900 s = 31 min 40 s.

Donc la pluie s'est arrêtée vers 17 h 46 min 40 s.

▶ **2.** La vitesse d'accumulation de la pluie se calcule avec la formule : $v_{\text{acc.}} = \dfrac{H}{t}$.

On a : $H = 3$ mm et $t = 1\,900$ s $\approx 0{,}5$ h. Donc : $v_{\text{acc.}} = \dfrac{3}{0{,}5} = \boxed{6\,\text{mm/h}}$.

Puisque $2{,}5 < 6 < 7{,}5$, la pluie peut être considérée comme modérée.

La pyramide du Louvre

Polynésie française • Juillet 2019
Exercice 4 • 12 points

La pyramide du Louvre à Paris est une pyramide à base carrée de côté 35,4 m et de hauteur 21,6 m.
C'est une réduction de la pyramide de Khéops en Égypte, qui mesure environ 230,5 m de côté.

▶ **1.** Montrer que la hauteur de la pyramide de Khéops est d'environ 140,6 m.

▶ **2.** Calculer le volume en m³ de la pyramide du Louvre. (Arrondir à l'unité)

▶ **3.** Par quel nombre peut-on multiplier le volume de la pyramide du Louvre pour obtenir celui de la pyramide de Khéops ? (Arrondir à l'unité)

Rappel : Volume d'une pyramide = $\dfrac{\text{Aire de la base} \times \text{Hauteur}}{3}$.

LES CLÉS DU SUJET

■ **Points du programme**

Volume d'une pyramide • Coefficient d'agrandissement.

■ **Nos coups de pouce**

▶ **3.** $V_{\text{agrandi}} = (\text{coefficient d'agrandissement})^3 \times V_{\text{initial}}$.

Comprendre l'effet de quelques transformations **CORRIGÉ 66**

CORRIGÉ 66

▶ **1.** Le coefficient d'agrandissement vaut exactement $\dfrac{230,5}{35,4}$.

Donc la hauteur h de la pyramide de Khéops vaut réellement :

$$h = \dfrac{230,5}{35,4} \times 21,6$$

$$\boxed{h \approx 140,6 \text{ m}}.$$

RAPPEL
Le coefficient d'agrandissement est le quotient entre les longueurs réelles et les longueurs réduites.

▶ **2.** Le volume de la pyramide du Louvre est :

$$V_{\text{pyramide du Louvre}} = \dfrac{1}{3} \times \text{aire base} \times \text{hauteur}$$

$$V_{\text{pyramide du Louvre}} = \dfrac{1}{3} \times 35,4^2 \times 21,6$$

$$\boxed{V_{\text{pyramide du Louvre}} \approx 9\ 023 \text{ m}^3}.$$

▶ **3.** Le coefficient d'agrandissement étant $\dfrac{230,5}{35,4}$:

$$V_{\text{Khéops}} = \left(\dfrac{230,5}{35,4}\right)^3 \times V_{\text{Louvre}}.$$

Or $\left(\dfrac{230,5}{35,4}\right)^3 \approx 276$, donc il suffit de multiplier le volume de la pyramide du Louvre par environ 276 pour obtenir le volume de la pyramide de Khéops.

Amérique du Nord • Juin 2018
Exercice 5 • 6 points

La frise

Gaspard travaille avec un logiciel de géométrie dynamique pour construire une frise.
Il a construit un triangle ABC isocèle en C (motif 1) puis il a obtenu le losange ACBD (motif 2). Voici les captures d'écran de son travail.

Motif 1	Motif 2
	

▶ **1.** Préciser une transformation permettant de compléter le motif 1 pour obtenir le motif 2.

▶ **2.** Une fois le motif 2 construit, Gaspard a appliqué à plusieurs reprises une translation.
Il obtient ainsi la frise ci-dessous.
Préciser de quelle translation il s'agit.

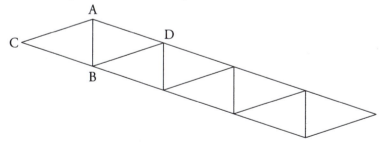

Comprendre l'effet de quelques transformations **CORRIGÉ 67**

LES CLÉS DU SUJET

■ **Points du programme**

Transformations géométriques.

■ **Nos coups de pouce**

▶ **1.** Une symétrie axiale donne un effet « miroir ».
▶ **2.** Une translation donne un effet « glissement ».

CORRIGÉ 67

▶ **1.** Pour obtenir le motif 2, on trace le symétrique du motif 1 par rapport à l'axe (AB).

▶ **2.** Il a appliqué la translation qui amène C sur B.

Asie • Juin 2018
Exercice 2 • 17 points

La yourte

Samia vit dans un appartement dont la surface au sol est de 35 m². Elle le compare avec une yourte, l'habitat traditionnel mongol.

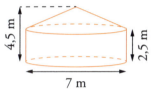

On modélise cette yourte par un cylindre et un cône.

On rappelle les formules suivantes :
Aire du disque = π × rayon²
Volume du cylindre = π × rayon² × hauteur
Volume du cône = $\frac{1}{3}$ × π × rayon² × hauteur

▶ **1.** Montrer que l'appartement de Samia offre une plus petite surface au sol que celle de la yourte.

▶ **2.** Calculer le volume de la yourte en m³.

▶ **3.** Samia réalise une maquette de cette yourte à l'échelle $\frac{1}{25}$. Quelle est la hauteur de la maquette ?

LES CLÉS DU SUJET

■ **Points du programme**

Calculs d'aire et de volume • Réduction.

Représenter l'espace **CORRIGÉ 68**

■ Nos coups de pouce
▶ **1.** Calcule l'aire du disque représentant la surface au sol.
▶ **2.** Calcule le volume de la partie cylindrique puis celle de la partie conique. Déduis-en le volume de la yourte.
▶ **3.** Applique le coefficient de réduction, c'est-à-dire $\frac{1}{25}$, à la hauteur de la yourte.

CORRIGÉ 68

▶ **1.** L'aire $\mathcal{A}$ d'un disque de rayon R est donnée par la formule $\mathcal{A} = \pi \times R^2$.
Le disque a pour diamètre 7 m. Son rayon mesure donc 3,5 m. Alors $\mathcal{A} = \pi \times 3{,}5^2$ soit $\boxed{\mathcal{A} = 12{,}25\pi \text{ m}^2}$.
$\mathcal{A} = 38{,}48 \text{ m}^2$ est une valeur approchée au centième.

> **RAPPEL**
> Si on note D le diamètre d'un disque de rayon R, alors $R = \frac{D}{2}$ et l'aire du disque mesure $\frac{\pi \times D^2}{4}$.

Mais $35 < 38{,}48$ donc l'appartement de Samia offre une plus petite surface au sol que celle de la yourte.

▶ **2.** Notons $\mathcal{V}_1$ le volume du cylindre dont la base mesure 3,5 m de rayon et la hauteur 2,5 m. D'après les rappels donnés dans l'énoncé :
$\mathcal{V}_1 = \pi \times 3{,}5^2 \times 2{,}5$ soit $\mathcal{V}_1 = 30{,}625 \times \pi \text{ m}^3$.
$\mathcal{V}_1 = 96{,}21 \text{ m}^3$ est une valeur approchée au centième.

Notons $\mathcal{V}_2$ le volume du cône dont la base mesure 3,5 m de rayon et la hauteur $(4{,}5 - 2{,}5)$ c'est-à-dire 2 m. D'après les rappels donnés dans l'énoncé : $\mathcal{V}_2 = \frac{1}{3} \times \pi \times 3{,}5^2 \times 2 \text{ m}^3$.
$\mathcal{V}_2 = 25{,}65 \text{ m}^3$ est une valeur approchée au centième.
Notons $\mathcal{V}$ le volume de la yourte.
$\mathcal{V} = \mathcal{V}_1 + \mathcal{V}_2$ soit $\mathcal{V} = 96{,}21 + 25{,}65$ c'est-à-dire $\boxed{\mathcal{V} = 121{,}86 \text{ m}^3}$, valeur approchée au centième.

▶ **3.** Notons h la hauteur de la maquette et H celle de la yourte. Alors $h = \frac{1}{25} \times H$ soit $h = \frac{1}{25} \times 4{,}5 = 0{,}18$.
Conclusion : la hauteur de la maquette est de 0,18 m ou encore 18 cm.

France métropolitaine • Septembre 2018
Exercice 4 • 17 points

Les abeilles ouvrières

Les abeilles ouvrières font des allers-retours entre les fleurs et la ruche pour transporter le nectar et le pollen des fleurs qu'elles stockent dans la ruche.

▶ **1.** Une abeille a une masse moyenne de 100 mg et rapporte en moyenne 80 mg de charge (nectar, pollen) à chaque voyage.
Un homme a une masse de 75 kg. S'il se chargeait proportionnellement à sa masse, comme une abeille, quelle masse cet homme transporterait-il ?

▶ **2.** Quand elles rentrent à la ruche, les abeilles déposent le nectar récolté dans des alvéoles.
On considère que ces alvéoles ont la forme d'un prisme de 1,15 cm de hauteur et dont la base est un hexagone d'aire 23 mm² environ, voir la figure ci-dessous.
a) Vérifier que le volume d'une alvéole de ruche est égal à 264,5 mm³.

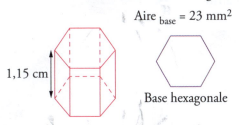

Le volume d'un prisme est donné par la formule : $\mathcal{V}_{prisme} = aire_{base} \times hauteur$.

b) L'abeille stocke le nectar dans son jabot. Le jabot est une petite poche sous l'abdomen d'un volume de 6×10^{-5} litre. Combien de sorties au minimum l'abeille doit-elle faire pour remplir une alvéole ?
(Rappel : 1 dm³ = 1 litre.)

▶ **3.** Le graphique ci-dessous présente la production française de miel en 2015 et 2016.

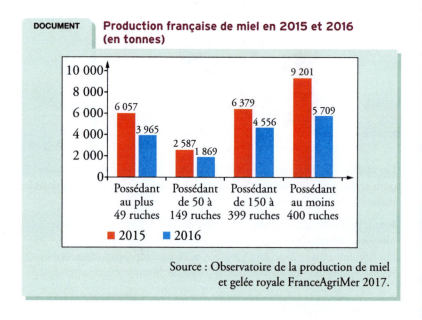

Source : Observatoire de la production de miel et gelée royale FranceAgriMer 2017.

a) Calculer la quantité totale de miel (en tonnes) récoltée en 2016.
b) Sachant que la quantité totale de miel récoltée en 2015 est de 24 224 tonnes, calculer le pourcentage de baisse de la récolte de miel entre 2015 et 2016.

Représenter l'espace **CORRIGÉ 69**

LES CLÉS DU SUJET

■ **Points du programme**

Proportionnalité • Calculs de volume • Pourcentage.

■ **Nos coups de pouce**

▶ **1.** Construis un tableau de proportionnalité.

▶ **2. a)** Applique la formule du volume d'un prisme donnée dans le texte.
b) Convertis, par exemple, les litres en mm^3.

▶ **3. b)** Soit Q une quantité. Après une diminution, cette quantité devient égale à Q_1. Le pourcentage n de cette diminution est tel que $n = \dfrac{Q - Q_1}{Q} \times 100$.

CORRIGÉ 69

▶ **1.** Construisons un tableau de proportionnalité.

	Masse du « transporteur » en mg	Masse transportée en mg
Homme	75×10^6	x
Abeille	100	80

75 kg = 75 000 g = 75 000 000 mg = 75×10^6 mg.

Nous avons alors $x = \dfrac{(75 \times 10^6) \times 80}{100} = 60 \times 10^6$.

Alors $x = 60 \times 10^6$ mg = 60 kg.

Conclusion : l'homme transporterait 60 kg.

ATTENTION
Veille à exprimer les différentes masses avec la même unité (ici en mg).

▶ **2. a)** Calculons le volume $\mathcal{V}$ d'une alvéole en utilisant la formule donnée dans l'énoncé : $\mathcal{V} = \text{aire}_{\text{base}} \times \text{hauteur}$.
Nous savons que l'aire de la base est égale à 23 mm^2 et que la hauteur mesure 1,15 cm soit 11,5 mm.

$\mathcal{V} = 23 \times 11,5$ et alors $\boxed{\mathcal{V} = 264,5 \, \text{mm}^3}$.

b) Soit N le nombre de sorties que l'abeille doit effectuer.

La poche possède un volume de 6×10^{-5} litres. Exprimons ce volume en mm^3.

1 L = 1 dm^3 = 1 000 cm^3 = 1 000 000 mm^3 = 10^6 mm^3.

Alors 6×10^{-5} L = $6 \times 10^{-5} \times 10^6$ mm^3 = 60 mm^3.

Donc $N = \dfrac{264,5}{60} \approx 4,4$.

Conclusion : l'abeille doit effectuer **au moins 5 sorties**.

> **REMARQUE**
> Le nombre de sorties est un nombre entier. De plus il convient d'arrondir le nombre de sorties trouvé par excès. Lors de la cinquième sortie, l'abeille ne ramènera pas une poche pleine.

▶ **3. a)** Notons Q la quantité totale de miel récoltée en 2016.

$Q = 3\ 965 + 1\ 869 + 4\ 556 + 5\ 709 = 16\ 099$

$\boxed{Q = 16\ 099 \text{ tonnes}}$

b) Notons n le pourcentage de baisse recherché.

Alors $n = \dfrac{24\ 224 - 16\ 099}{24\ 224} \times 100$.

$\boxed{n = 33,54\ \%}$

Amérique du Sud • Novembre 2018
Exercice 4 • 18 points

Écran de télévision

Valentin souhaite acheter un écran de télévision ultra HD (haute définition).
Pour un confort optimal, la taille de l'écran doit être adaptée aux dimensions de son salon.
Voici les caractéristiques du téléviseur que Valentin pense acheter :

Hauteur de l'écran 60 cm
Format de l'écran   16/9
Ultra HD   Oui

Valentin a-t-il fait un choix adapté ?
Utiliser les informations ci-dessous et les caractéristiques du téléviseur pour répondre.

Toute trace de recherche, même incomplète, pourra être prise en compte dans la notation.

Information 1. Distance écran-téléspectateur du salon de Valentin :

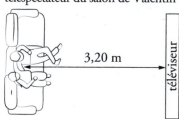

Information 2. Pour un écran au format 16/9, on a :

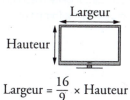

Largeur = $\dfrac{16}{9}$ × Hauteur

Information 3. Graphique pour aider au choix de la taille de l'écran :

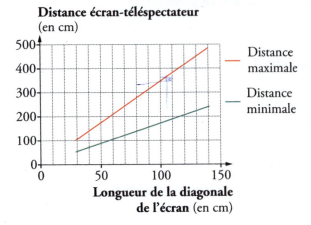

LES CLÉS DU SUJET

■ **Points du programme**

Lectures graphiques • Théorème de Pythagore.

■ **Nos coups de pouce**

Stratégie possible :
• Calcule la largeur de l'écran avec l'information 2.
• Calcule la mesure de la diagonale de l'écran en appliquant le théorème de Pythagore.
• Lis les deux distances, minimale et maximale, écran-téléspectateur correspondant à cette diagonale en utilisant l'information 3.
• En utilisant l'information 1, conclus.

CORRIGÉ 70

D'après le choix de Valentin, on peut dire que la largeur L de l'écran est telle que :

$L = \dfrac{16}{9} \times 60 \approx 107$ cm.

Calculons la mesure D de la diagonale de l'écran.

Appliquons le théorème de Pythagore. Nous avons $D^2 = L^2 + H^2$ où H est la mesure de la hauteur de l'écran.

Alors $D^2 = 107^2 + 60^2 = 15\,049$ et $D = \sqrt{15\,049}$.

La calculatrice indique $D \approx 123$ cm, valeur arrondie à l'unité.

Nous lisons sur le graphique que la droite d'équation $x = 123$ coupe la droite $\mathcal{D}_1$ au point A d'ordonnée 210 et coupe la droite $\mathcal{D}_2$ au point B d'ordonnée 420.

REMARQUE
La plupart des résultats trouvés sont des valeurs approchées. Donc il est inutile de donner des résultats en centimètres comportant des décimales.

Nous savons que la distance écran-téléspectateur dans le salon de Valentin mesure 3,20 m soit 320 cm.

Il est évident que 210 cm < 320 cm < 420 cm.

Conclusion : Valentin a fait un choix adapté !

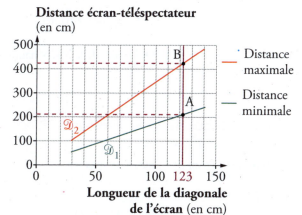

SUJET 71

Centres étrangers • Juin 2017
Exercice 3 • 6 points

Comparaison des volumes de quatre solides

Voici les dimensions de quatre solides :
• Une pyramide de 6 cm de hauteur dont la base est un rectangle de 6 cm de longueur et de 3 cm de largeur.
• Un cylindre de 2 cm de rayon et de 3 cm de hauteur.
• Un cône de 3 cm de rayon et de 3 cm de hauteur.
• Une boule de 2 cm de rayon.

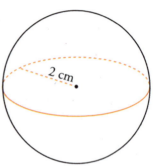

▶ **1. a)** Représenter approximativement les trois premiers solides comme l'exemple ci-dessus.

b) Placer les dimensions données sur les représentations.

▶ **2.** Classer ces quatre solides dans l'ordre croissant de leurs volumes.

Quelques formules :

• $\dfrac{4}{3} \times \pi \times \text{rayon}^3$

• $\pi \times \text{rayon}^2 \times \text{hauteur}$

• $\dfrac{1}{3} \times \pi \times \text{rayon}^2 \times \text{hauteur}$

• $\dfrac{1}{3} \times \text{aire de la base} \times \text{hauteur}$

LES CLÉS DU SUJET

■ **Points du programme**

Tracer des figures dans l'espace • Calculs de volumes.

■ **Nos coups de pouce**

▶ **1.** Utilise une règle graduée, une équerre et un compas.
▶ **2.** Pour calculer les quatre volumes, applique les formules données.

CORRIGÉ 71

▶ **1. a)** et **b)**

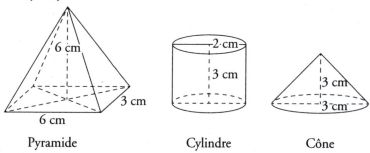

Pyramide   Cylindre   Cône

▶ **2.** Notons $\mathcal{V}_1$, $\mathcal{V}_2$, $\mathcal{V}_3$ et $\mathcal{V}_4$ les volumes respectifs de la pyramide, du cylindre, du cône et de la boule.

Nous avons $\mathcal{V}_1 = \dfrac{1}{3} \times$ aire de la base $\times$ hauteur

soit $\mathcal{V}_1 = \dfrac{1}{3} \times (3 \times 6) \times 6$

Donc $\mathcal{V}_1 = 36$ cm^3.

Nous avons $\mathcal{V}_2 = \pi \times$ rayon$^2 \times$ hauteur soit $\mathcal{V}_2 = \pi \times 2^2 \times 3$ ou encore $\mathcal{V}_2 = 12\pi$.

Donc $\mathcal{V}_2 = 37{,}7$ cm^3 (valeur arrondie au dixième).

Nous avons $\mathcal{V}_3 = \dfrac{1}{3} \times \pi \times$ rayon$^2 \times$ hauteur, soit $\mathcal{V}_3 = \dfrac{1}{3} \times \pi \times 3^2 \times 3$,

soit $\mathcal{V}_3 = 9\pi$. Donc $\mathcal{V}_3 = 28{,}3$ cm^3 (valeur arrondie au dixième).

Nous avons $\mathcal{V}_4 = \dfrac{4}{3} \times \pi \times$ rayon^3, soit $\mathcal{V}_4 = \dfrac{4}{3} \times \pi \times 2^3$ ou encore

$\mathcal{V}_4 = \dfrac{32\pi}{3}$.

Donc $\mathcal{V}_4 = 33{,}5$ cm^3 (valeur arrondie au dixième).

Conclusion : par ordre croissant des volumes, nous avons :

volume du cône – volume de la boule – volume de la pyramide – volume du cylindre, car $\mathcal{V}_3 < \mathcal{V}_4 < \mathcal{V}_1 < \mathcal{V}_2$.

Les boulets

Pour ranger les boulets de canon, les soldats du XVIᵉ siècle utilisaient souvent un type d'empilement pyramidal à base carrée, comme le montrent les dessins suivants :

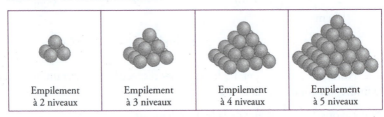

| Empilement à 2 niveaux | Empilement à 3 niveaux | Empilement à 4 niveaux | Empilement à 5 niveaux |

▶ **1.** Combien de boulets contient l'empilement à 2 niveaux ?

▶ **2.** Expliquer pourquoi l'empilement à 3 niveaux contient 14 boulets.

▶ **3.** On range 55 boulets de canon selon cette méthode. Combien de niveaux comporte alors l'empilement obtenu ?

▶ **4.** Ces boulets sont en fonte ; la masse volumique de cette fonte est de 7 300 kg/m³. On modélise un boulet de canon par une boule de rayon 6 cm. Montrer que l'empilement à 3 niveaux de ces boulets pèse 92 kg, au kg près.

Rappels :
- volume d'une boule = $\frac{4}{3} \times \pi \times$ rayon $\times$ rayon $\times$ rayon ;
- une masse volumique de 7 300 kg/m³ signifie que 1 m³ pèse 7 300 kg.

Représenter l'espace CORRIGÉ 72

LES CLÉS DU SUJET

■ **Points du programme**

Calcul de carrés de nombres • Masse volumique • Volume d'une boule et conversions de volumes • Proportionnalité.

■ **Nos coups de pouce**

▶ **4.** Calcule le volume des 14 boulets puis, par proportionnalité, leur masse.

CORRIGÉ 72

▶ **1.** L'empilement à 2 niveaux contient $\boxed{5 \text{ boulets}}$.

▶ **2.** L'empilement à 3 niveaux contient 14 boulets car on rajoute aux boulets de l'empilement à 2 niveaux une base de $3 \times 3 = 9$ boulets.

▶ **3.** Si l'on range 55 boulets de canon selon cette méthode, l'empilement obtenu contiendra $\boxed{5 \text{ niveaux}}$.

En effet, on aura empilé $5 + 3^2 + 4^2 + 5^2 = 55$ boulets.

▶ **4.** Dans l'empilement à 3 niveaux, il y a 14 boulets.
Le volume d'un seul boulet est :
$V_{\text{boulet}} = \dfrac{4}{3} \times \pi \times r^3 = \dfrac{4}{3} \times \pi \times 6^3 \approx 904{,}8 \text{ cm}^3$.
Le volume des 14 boulets est donc d'environ :
$14 \times 904{,}8 \approx 12\,667 \text{ cm}^3$ soit $0{,}012667 \text{ m}^3$.
La masse volumique de la fonte indique que 1 m^3 pèse 7 300 kg.
Par proportionnalité les boulets pèsent donc : $0{,}012667 \times 7\,300 \approx \boxed{92 \text{ kg}}$

GÉOMÉTRIE

SUJET 73

Amérique du Sud • Novembre 2017
Exercice 2 • 7 points

Aménagement des combles d'une maison

Madame Duchemin a aménagé un studio dans les combles de sa maison, ces combles ayant la forme d'un prisme droit avec comme base le triangle ABC isocèle en C.
Elle a pris quelques mesures, au cm près pour les longueurs et au degré près pour les angles. Elle les a reportées sur le dessin ci-dessous représentant les combles, ce dessin n'est pas à l'échelle.

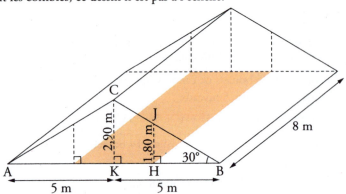

Madame Duchemin souhaite louer son studio.
Les prix de loyer autorisés dans son quartier sont au maximum de 20 € par m² de surface habitable.
Une surface est dite habitable si la hauteur sous plafond est de plus de 1,80 m (*article R111-2 du Code de construction*) : cela correspond à la partie beige sur la figure.
Madame Duchemin souhaite fixer le prix du loyer à 700 €.
Peut-elle louer son studio à ce prix ?

Représenter l'espace **CORRIGÉ 73**

LES CLÉS DU SUJET

■ Points du programme

Théorème de Thalès • Calcul d'aire.

■ Nos coups de pouce

Marche à suivre possible pour répondre à la question posée :
- Calculer HB en appliquant le théorème de Thalès.
- En déduire KH.
- Calculer l'aire de la partie rectangulaire beige.
- Calculer le montant maximum du loyer.
- Conclure.

CORRIGÉ 73

• Les points B, H, K sont alignés dans le même ordre que les points B, J, C.

De plus les droites (KC) et (HJ) sont parallèles puisqu'elles sont toutes les deux perpendiculaires à la droite (AB).

REMARQUE
Pour calculer BH, on peut aussi calculer $\tan \widehat{HBJ}$ dans le triangle HBJ rectangle en H.

Nous pouvons appliquer le théorème de Thalès et écrire :

$\dfrac{BH}{BK} = \dfrac{HJ}{KC}$ ou encore $\dfrac{BH}{5} = \dfrac{1{,}8}{2{,}9}$.

Nous en déduisons $BH = \dfrac{5 \times 1{,}8}{2{,}9}$ soit $BH = 3{,}10$ m, valeur arrondie au cm près.

• Nous avons $KH = KB - BH = 5 - 3{,}10$, soit $KH = 1{,}90$ m, valeur arrondie au cm près.

• La partie beige rectangulaire a pour longueur 8 m et pour largeur $2 \times 1{,}90$ m, soit 3,80 m. L'aire de la partie beige est $\mathcal{A} = 8 \times 3{,}80$ m^2, soit 30,4 m^2.

• Le loyer maximum est égal à $30{,}4 \times 20$, soit 608 euros.

• Puisque madame Duchemin souhaite louer son studio pour 700 euros et que le montant maximum autorisé est de 608 euros, celle-ci ne pourra pas louer au prix souhaité.

GÉOMÉTRIE

Le globe de cristal

Le gros globe de cristal est un trophée attribué au vainqueur de la coupe du monde de ski. Ce trophée pèse 9 kg et mesure 46 cm de hauteur.

▶ **1.** Le biathlète français Martin Fourcade a remporté le sixième gros globe de cristal de sa carrière en 2017 à Pyeongchang en Corée du Sud. Donner approximativement la latitude et la longitude de ce lieu repéré sur la carte ci-dessous.

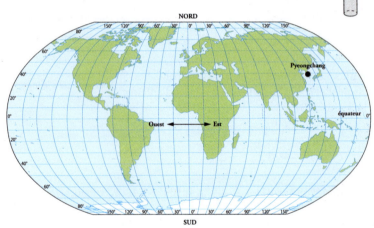

▶ **2.** On considère que ce globe est composé d'un cylindre en cristal de diamètre 6 cm, surmonté d'une boule de cristal. Voir schéma ci-contre. Montrer qu'une valeur approchée du volume de la boule de ce trophée est de 6 371 cm³.

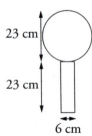

▶ **3.** Marie affirme que le volume de la boule de cristal représente environ 90 % du volume total du trophée. A-t-elle raison ?

Représenter l'espace **CORRIGÉ 74**

Rappels :
– volume d'une boule de rayon R : $\mathcal{V} = \dfrac{4}{3}\pi R^3$;
– volume d'un cylindre de rayon r et de hauteur h : $\mathcal{V} = \pi r^2 h$.

> **LES CLÉS DU SUJET**
>
> ■ **Points du programme**
> Volumes usuels • Repérage sur la sphère terrestre • Pourcentage.
>
> ■ **Nos coups de pouce**
> ▶ **3.** Pour calculer un pourcentage, on divise l'effectif de la catégorie par l'effectif total.

CORRIGÉ 74

▶ **1.** Les coordonnées de Pyeongchang sont 127° est (longitude) et 35° nord (latitude).

▶ **2.** $\mathcal{V}_{\text{boule}} = \dfrac{4}{3} \times \pi \times R^3 = \dfrac{4}{3} \times \pi \times 11{,}5^3 \approx \boxed{6\,371 \text{ cm}^3}$.

▶ **3.** $\mathcal{V}_{\text{cylindre}} = \pi \times r^2 \times h = \pi \times 3^2 \times 23 \approx 650 \text{ cm}^3$
$\mathcal{V}_{\text{total}} = 6\,371 + 650 = \boxed{7\,021 \text{ cm}^3}$.

Le rapport des volumes est : $\dfrac{6\,371}{7\,021} \approx 90{,}7\ \%$.

Donc le volume de la boule représente environ 90 % du volume total, Marie a raison.

Figure géométrique

On considère la figure ci-dessous, réalisée à main levée et qui n'est pas à l'échelle.

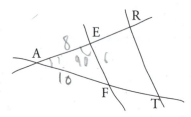

On donne les informations suivantes :
- les droites (ER) et (FT) sont sécantes en A ;
- AE = 8 cm, AF = 10 cm, EF = 6 cm ;
- AR = 12 cm, AT = 14 cm.

▶ **1.** Démontrer que le triangle AEF est rectangle en E.

▶ **2.** En déduire une mesure de l'angle $\widehat{EAF}$ au degré près.

▶ **3.** Les droites (EF) et (RT) sont-elles parallèles ?

LES CLÉS DU SUJET

■ **Points du programme**

Réciproque du théorème de Pythagore • Théorème de Thalès • Trigonométrie.

■ **Nos coups de pouce**

▶ **2.** Utilise une formule de trigonométrie adaptée.

CORRIGÉ 75

▶ **1.** [AF] est le plus grand côté du triangle AEF.
D'une part : $AF^2 = 10^2 = 100$.
D'autre part : $AE^2 + FE^2 = 8^2 + 6^2 = 64 + 36 = 100$.
Donc : $AF^2 = AE^2 + FE^2$.

Donc d'après la réciproque du théorème de Pythagore, on a AEF rectangle en E.

▶ **2.** AEF est rectangle en E.
$$\cos(\widehat{A}) = \frac{\text{côté adjacent à } \widehat{A}}{\text{hypoténuse}} = \frac{AE}{AF} = \frac{8}{10}$$
Donc $\widehat{A} = \arccos\left(\frac{8}{10}\right) \approx 37°$.

RAPPEL
Moyen mnémotechnique : SOHCAHTOA.

▶ **3.** Les droites (ER) et (FT) sont sécantes en A.
D'une part : $\dfrac{AE}{AR} = \dfrac{8}{12}$; d'autre part : $\dfrac{AF}{AT} = \dfrac{10}{14}$.
On a $8 \times 14 \neq 12 \times 10$

Donc d'après le produit en croix on a $\dfrac{AE}{AR} \neq \dfrac{AF}{AT}$.

Donc les droites (EF) et (RT) ne sont pas parallèles.

Les transformations du plan

Dans cet exercice, aucune justification n'est attendue.
On considère l'hexagone ABCDEF de centre O représenté ci-dessous.

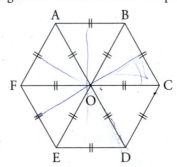

▶ **1.** Parmi les propositions suivantes, recopier celle qui correspond à l'image du quadrilatère CDEO par la symétrie de centre O.

Proposition 1	Proposition 2	Proposition 3
FABO	ABCO	FODE

▶ **2.** Quelle est l'image du segment [AO] par la symétrie d'axe (CF) ?

▶ **3.** On considère la rotation de centre O qui transforme le triangle OAB en le triangle OCD.
Quelle est l'image du triangle BOC par cette rotation ?

Utiliser la géométrie plane pour démontrer **CORRIGÉ 76**

La figure ci-dessous représente un pavage dont le motif de base a la même forme que l'hexagone ci-dessus. On a numéroté certains de ces hexagones.

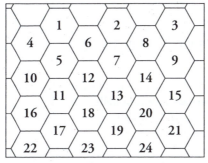

▶ **4.** Quelle est l'image de l'hexagone 14 par la translation qui transforme l'hexagone 2 en l'hexagone 12 ?

LES CLÉS DU SUJET

■ **Points du programme**

Transformations géométriques.

■ **Nos coups de pouce**

▶ **1.** Une symétrie centrale est un demi-tour.

CORRIGÉ 76

▶ **1.** C'est FABO qui correspond à l'image du quadrilatère CDEO par la symétrie de centre O.
On choisit donc la proposition 1.

▶ **2.** L'image du segment [AO] par la symétrie d'axe (CF) est le segment [OE].

▶ **3.** L'image du triangle BOC par cette rotation est le triangle ODE.

▶ **4.** L'image de l'hexagone 14 par la translation qui transforme l'hexagone 2 en l'hexagone 12 est l'hexagone 19.

RAPPEL
Une translation est un « glissement » de figure.

Vitesse ascensionnelle

Pour la course à pied en montagne, certains sportifs mesurent leur performance par la **vitesse ascensionnelle**, notée V_a.
V_a est le quotient du dénivelé de la course, exprimé en mètres, par la durée, exprimée en heures.

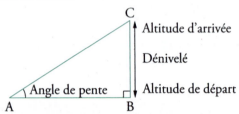

Par exemple : pour un dénivelé de 4 500 m et une durée de parcours de 3 h : $V_a = 1\,500$ m/h.
Rappel : le dénivelé de la course est la différence entre l'altitude à l'arrivée et l'altitude au départ.
Un coureur de haut niveau souhaite atteindre une vitesse ascensionnelle d'au moins 1 400 m/h lors de sa prochaine course.

La figure ci-dessous n'est pas représentée en vraie grandeur.

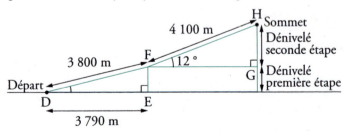

Le parcours se décompose en deux étapes (voir figure ci-dessus) :
• Première étape de 3 800 m pour un déplacement horizontal de 3 790 m.
• Seconde étape de 4,1 km avec un angle de pente d'environ 12°.

Utiliser la géométrie plane pour démontrer   **CORRIGÉ 77**

▶ **1.** Vérifier que le dénivelé de la première étape est environ 275,5 m.

▶ **2.** Quel est le dénivelé de la seconde étape ?

▶ **3.** Depuis le départ, le coureur met 48 minutes pour arriver au sommet. Le coureur atteint-il son objectif ?

LES CLÉS DU SUJET

■ **Points du programme**

Théorème de Pythagore • Trigonométrie.

■ **Nos coups de pouce**

▶ **1.** Applique le théorème de Pythagore au triangle DEF rectangle en E.

▶ **2.** Calcule $\sin \widehat{GFH}$ dans le triangle FGH rectangle en G.

▶ **3.** Utilise la relation donnant la vitesse ascensionnelle $V_a = \dfrac{d}{t}$, où d représente le dénivelé total parcouru, t le temps mis pour le parcourir.

CORRIGÉ 77

▶ **1.** Appliquons le théorème de Pythagore dans le triangle DEF rectangle en E.
$EF^2 + ED^2 = DF^2$ ou encore $EF^2 = DF^2 - ED^2$.
Alors $EF^2 = 3\,800^2 - 3\,790^2 = 75\,900$.
$EF = \sqrt{75\,900}$ soit $\boxed{EF = 275,5 \text{ m}}$

▶ **2.** Le dénivelé de la deuxième étape est la distance GH. Dans le triangle GFH rectangle en G, nous avons $\sin \widehat{GFH} = \dfrac{\text{côté opposé}}{\text{hypoténuse}} = \dfrac{GH}{FH}$.
Alors $GH = FH \times \sin \widehat{GFH}$ et $GH = 4\,100 \times \sin 12°$.
$\boxed{GH = 852,5 \text{ m}}$ valeur arrondie au dixième de mètre.

▶ **3.** Le temps mis par le coureur pour arriver au sommet est de 48 minutes soit $\dfrac{48}{60}$ h ou encore 0,8 h.
Par définition $V_a = \dfrac{275,5 + 852,5}{0,8} = 1\,410$ m/h
L'objectif était d'atteindre une vitesse ascensionnelle d'au moins 1 400 m/h. Cet objectif est donc réalisé.

Photo de la tour Eiffel

Leila est en visite à Paris. Aujourd'hui, elle est au Champ de Mars où l'on peut voir la tour Eiffel dont la hauteur totale BH est 324 m. Elle pose son appareil photo au sol à une distance AB = 600 m du monument et le programme pour prendre une photo (voir le dessin ci-dessous).

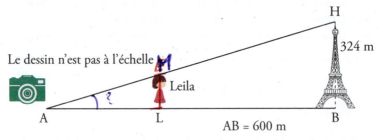

▶ **1.** Quelle est la mesure, au degré près, de l'angle $\widehat{HAB}$?

▶ **2.** Sachant que Leila mesure 1,70 m, à quelle distance AL de son appareil doit-elle se placer pour paraître aussi grande que la tour Eiffel sur sa photo ?
Donner une valeur approchée du résultat au centimètre près.

LES CLÉS DU SUJET

■ **Point du programme**

Trigonométrie.

■ **Nos coups de pouce**

▶ **1.** Dans le triangle ABH rectangle en B, tu connais les distances BH et BA. Calcule $\tan \widehat{HAB}$.

▶ **2.** Les points A, M et H sont alignés.

CORRIGÉ 78

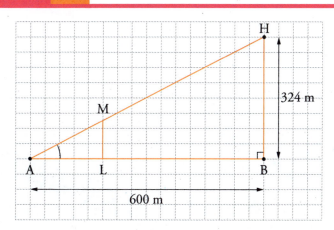

▶ **1.** Dans le triangle ABH rectangle en B :
$\tan \widehat{HAB} = \dfrac{BH}{BA} = \dfrac{324}{600} = 0{,}54$.
La calculatrice indique alors, au degré près :
$\boxed{\widehat{HAB} = 28°}$.

RAPPEL
Dans un triangle ABH rectangle en B,
$\tan \widehat{HAB} = \dfrac{\text{côté opposé}}{\text{côté adjacent}}$.

▶ **2.** Nous avons $\widehat{MAL} = \widehat{HAB}$.
Dans le triangle MAL rectangle en L, $\tan \widehat{MAL} = \dfrac{ML}{AL}$.
Soit $0{,}54 = \dfrac{1{,}7}{AL}$ ou encore $AL = \dfrac{1{,}7}{0{,}54} = 3{,}15$ m, valeur approchée au centimètre près.

Conclusion : Leila doit se positionner à 3,15 m devant son appareil photo.

Autre méthode :

On peut admettre que Leila et la tour Eiffel sont perpendiculaires au sol, donc parallèles entre elles. Le théorème de Thalès donne $\dfrac{AL}{AB} = \dfrac{LM}{BH}$
soit $\dfrac{AL}{600} = \dfrac{1{,}7}{324}$, d'où $AL = \dfrac{1{,}7 \times 600}{324} = 3{,}15$ m.

Un bac à sable

On construit un bac à sable pour enfants.

Ce bac a la forme d'un prisme droit de hauteur 15 cm. La base de ce prisme droit est représentée par le polygone ABCDE ci-dessous :
Attention la figure n'est pas construite à la taille réelle.

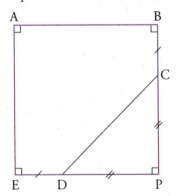

On donne :
- PC = PD = 1,30 m ;
- E, D, P sont alignés ;
- ED = BC = 40 cm ;
- B, C, P sont alignés.

▶ **1.** Calculer CD. Arrondir au centimètre près.

▶ **2.** Justifier que le quadrilatère ABPE est un carré.

▶ **3.** En déduire le périmètre du polygone ABCDE. Arrondir au centimètre près.

▶ **4.** On a construit le tour du bac à sable avec des planches en bois de longueur 2,40 m et de hauteur 15 cm chacune. De combien de planches a-t-on besoin ?

▶ **5.** Calculer, en m², l'aire du polygone ABCDE.

▶ **6.** A-t-on eu besoin de plus de 300 L de sable pour remplir complètement le bac ?
Rappel : Volume d'un prisme droit = aire de la base × hauteur.

LES CLÉS DU SUJET

■ **Points du programme**

Théorème de Pythagore • Propriétés du carré • Périmètre, aire, volume.

■ **Nos coups de pouce**

▶ **1.** Applique le théorème de Pythagore au triangle CPD rectangle en P.
▶ **2.** Utilise les propriétés du carré.
▶ **5.** Remarque que l'aire du polygone ABCDE est la différence de deux aires. Utilise les formules donnant l'aire d'un carré et l'aire d'un triangle rectangle et isocèle.
▶ **6.** Calcule le volume du prisme droit en utilisant « le rappel » situé en fin d'exercice.

CORRIGÉ 79

▶ **1.** On applique le théorème de Pythagore au triangle CPD qui est rectangle en P :
$$CD^2 = PD^2 + PC^2 = 1,3^2 + 1,3^2 = 3,38.$$
D'où, au cm près :
$$\boxed{CD = \sqrt{3,38} = 1,84 \text{ m}}.$$

Utiliser la géométrie plane pour démontrer CORRIGÉ

▶ **2.** Le quadrilatère ABPE possède 4 angles droits (voir codage sur la figure). C'est donc un rectangle. De plus :

$$EP = ED + DP = 0{,}4 + 1{,}3 = 1{,}7 \text{ m}$$
$$BP = BC + CP = 0{,}4 + 1{,}3 = 1{,}7 \text{ m}.$$

Donc EP = BP = 1,7 m.

Le quadrilatère ABPE possède 4 angles droits et 2 côtés consécutifs de même mesure. ABPE est donc un carré.

▶ **3.** Notons P le périmètre du polygone ABCDE.
D'après la question précédente, AB = EP = 1,7 m, d'où :

$$P = AB + BC + CD + DE + EA$$
$$P = 1{,}7 + 0{,}4 + 1{,}84 + 0{,}4 + 1{,}7.$$

Une valeur arrondie de P au centimètre près est :

$$\boxed{P = 6{,}04 \text{ m}}.$$

▶ **4.** La hauteur du bac à sable est de 15 cm, ainsi que la hauteur des planches utilisées. En hauteur, une planche suffit donc.

De plus, une planche possède une longueur de 2,4 m.

Notons n le nombre de planches nécessaires.

Nous avons $n = \dfrac{6{,}04}{2{,}4} = 2{,}51\ldots$

Mais le nombre de planches est un nombre entier.

On a donc besoin de 3 planches pour réaliser le bac à sable.

▶ **5.** L'aire $\mathcal{A}$ du polygone ABCDE est la différence entre l'aire du carré ABPE et l'aire du triangle rectangle isocèle CPD.

$$\mathcal{A} = AB \times AB - \dfrac{PC \times PD}{2} = 1{,}7 \times 1{,}7 - \dfrac{1{,}3 \times 1{,}3}{2}$$
$$\boxed{\mathcal{A} = 2{,}045 \text{ m}^2}.$$

▶ **6.** Le volume $\mathcal{V}$ du bac à sable est égal à :
$\mathcal{V} = \mathcal{A} \times 0{,}15 = 2{,}045 \times 0{,}15 = 0{,}306 \text{ m}^3$
$\boxed{\mathcal{V} = 306 \text{ L}}.$

RAPPEL
1 m^3 = 1 000 dm^3 = 1 000 litres.

Il faut donc un peu plus de 300 litres pour remplir le bac à sable.

Centres étrangers • Juin 2019
Exercice 5 • 14 points

Les étagères

Dans l'exercice suivant, les figures ne sont pas à l'échelle.

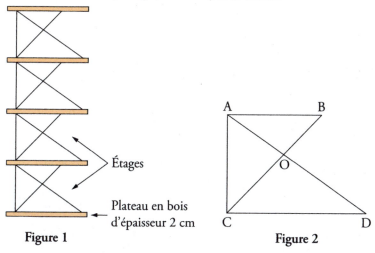

Étages

Plateau en bois d'épaisseur 2 cm

Figure 1 **Figure 2**

Un décorateur a dessiné une vue de côté d'un meuble de rangement composé d'une structure métallique et de plateaux en bois d'épaisseur 2 cm, illustré par la figure 1.
Les étages de la structure métallique de ce meuble de rangement sont tous identiques et la figure 2 représente l'un d'entre eux.
On donne :
• OC = 48 cm ; OD = 64 cm ; OB = 27 cm ; OA = 36 cm et CD = 80 cm ;
• les droites (AC) et (CD) sont perpendiculaires.

▶ **1.** Démontrer que les droites (AB) et (CD) sont parallèles.

▶ **2.** Montrer par le calcul que AB = 45 cm.

▶ **3.** Calculer la hauteur totale du meuble de rangement.

Utiliser la géométrie plane pour démontrer   **CORRIGÉ 80**

LES CLÉS DU SUJET

■ **Points du programme**

Théorème de Thalès et sa réciproque • Théorème de Pythagore

■ **Nos coups de pouce**

▶ **1.** Compare, par exemple, $\dfrac{OA}{OD}$ et $\dfrac{OB}{OC}$. Conclus.

▶ **2.** Applique le théorème de Thalès.

▶ **3.** Utilise le théorème de Pythagore.

CORRIGÉ 80

▶ **1.** Calculons :
$\dfrac{OA}{OD} = \dfrac{36}{64} = \dfrac{9}{16}$ et $\dfrac{OB}{OC} = \dfrac{27}{48} = \dfrac{9}{16}$. Donc $\dfrac{OA}{OD} = \dfrac{OB}{OC}$.

Les points O, A, D sont alignés dans le même ordre que les points O, B, C. De plus $\dfrac{OA}{OD} = \dfrac{OB}{OC}$. D'après la réciproque du théorème de Thalès les droites (AB) et (CD) sont parallèles.

▶ **2.** Les points O, A, D sont alignés dans le même ordre que les points O, B, C et les droites (AB) et (CD) sont parallèles. Nous pouvons appliquer le théorème de Thalès et écrire
$\dfrac{OA}{OD} = \dfrac{OB}{OC} = \dfrac{AB}{CD}$ soit $\dfrac{36}{64} = \dfrac{27}{48} = \dfrac{AB}{80}$.

Un produit en croix permet d'écrire $AB = \dfrac{27 \times 80}{48} = 45$.

$\boxed{AB = 45 \text{ cm}}$.

▶ **3.** Calculons AC.

Les droites (AC) et (CD) sont perpendiculaires, donc le triangle ACD est rectangle en C. Appliquons le théorème de Pythagore :
$AC^2 + DC^2 = AD^2$ ou encore $AC^2 = AD^2 - DC^2$.

Mais $AD = OA + OD = 36 + 64$ donc $AD = 100$ cm.

Alors $AC^2 = 100^2 - 80^2 = 3\,600$ et $AC = \sqrt{3\,600} = 60$ cm.

Notons H la hauteur totale du meuble de rangement.

Utiliser la géométrie plane pour démontrer **CORRIGÉ 80**

Cette étagère possède 5 plateaux en bois de 2 cm d'épaisseur et 4 éléments d'armature tels que [AC].

Nous avons $H = 4 \times 60 + 5 \times 2 = 250$ cm soit $\boxed{H = 2,5 \text{ m}}$.

ATTENTION !
Ne pas oublier de tenir compte de l'épaisseur des 5 étagères.

Triangles

France métropolitaine • Juin 2018
Exercice 4 • 14 points

La figure ci-dessous n'est pas représentée en vraie grandeur.
Les points C, B et E sont alignés.
Le triangle ABC est rectangle en A.
Le triangle BDC est rectangle en B.

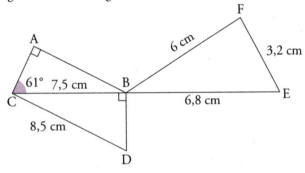

▶ **1.** Montrer que la longueur BD est égale à 4 cm.

▶ **2.** Montrer que les triangles CBD et BFE sont semblables.

▶ **3.** Sophie affirme que l'angle $\widehat{BFE}$ est un angle droit. A-t-elle raison ?

▶ **4.** Max affirme que l'angle $\widehat{ACD}$ est un angle droit. A-t-il raison ?

LES CLÉS DU SUJET

■ **Points du programme**

Théorème direct et réciproque de Pythagore • Triangles semblables • Trigonométrie.

■ **Nos coups de pouce**

▶ **4.** Utilise une formule adéquate de trigonométrie pour calculer l'angle.

CORRIGÉ 81

▶ **1.** Le triangle BCD est rectangle en B donc d'après le théorème de Pythagore, on a :
$BC^2 + BD^2 = CD^2$
$7,5^2 + BD^2 = 8,5^2$
$56,25 + BD^2 = 72,25$
$BD^2 = 72,25 - 56,25 = 16$
$BD = \sqrt{16} =$ boxed 4 cm.

> **RAPPEL**
> Le triangle BCD est rectangle en B, utilise le théorème de Pythagore.

▶ **2.** Calculons les rapports de longueurs dans les deux triangles :
$\dfrac{BC}{BF} = \dfrac{7,5}{6} = 1,25$; $\dfrac{BD}{FE} = \dfrac{4}{3,2} = 1,25$; $\dfrac{CD}{BE} = \dfrac{8,5}{6,8} = 1,25$.
Les quotients sont égaux donc les triangles BCF et BFE sont semblables.

▶ **3.** [BE] est le plus grand côté.
D'une part : $BE^2 = 6,8^2 = 46,24$.
D'autre part : $BF^2 + FE^2 = 6^2 + 3,2^2 = 46,24$.
Donc : $BE^2 = BF^2 + FE^2$.
Donc d'après la réciproque du théorème de Pythagore, le triangle BFE est rectangle en F.

> **REMARQUE**
> Les triangles BCF et BFE sont semblables, leurs angles sont donc égaux deux à deux, en particulier
> $\widehat{BFE} = \widehat{CBD} = 90°$.

▶ **4.** Le triangle BCD est rectangle en B, on a donc :
$\cos(\widehat{BCD}) = \dfrac{\text{côté adjacent}}{\text{hypoténuse}} = \dfrac{BC}{BD} = \dfrac{7,5}{8,5}$.
Et $\widehat{BCD} = \arccos\left(\dfrac{7,5}{8,5}\right) \approx 28°$.
Or $\widehat{ACD} = \widehat{ACB} + \widehat{BCD} \approx 61° + 28° \approx 89°$, donc l'angle $\widehat{ACD}$ n'est pas droit.

SUJET 82

Polynésie française • Septembre 2019
Exercice 4 • 14 points

Ailes d'un moulin à vent décoratif

On s'intéresse aux ailes d'un moulin à vent décoratif de jardin. Elles sont représentées par la figure ci-dessous :

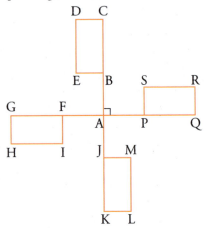

On donne :
- BCDE, FGHI, JKLM et PQRS sont des rectangles superposables.
- C, B, A, J, K d'une part et G, F, A, P, Q d'autre part sont alignés.
- AB = AF = AJ = AP.

▶ **1.** Quelle transformation permet de passer du rectangle FGHI au rectangle PQRS ?

▶ **2.** Quelle est l'image du rectangle FGHI par la rotation de centre A d'angle 90° dans le sens inverse des aiguilles d'une montre ?

▶ **3.** Soit V un point de [EB] tel que BV = 4 cm.
On donne :
$$AB = 10 \text{ cm et } AC = 30 \text{ cm}.$$
Attention la figure n'est pas construite à la taille réelle.

Utiliser la géométrie plane pour démontrer SUJET 82

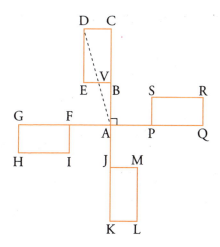

a) Justifier que (DC) et (VB) sont parallèles.
b) Calculer DC.
c) Déterminer la mesure de l'angle $\widehat{DAC}$. Arrondir au degré près.

LES CLÉS DU SUJET

■ **Points du programme**

Transformations • Théorème de Thalès • Trigonométrie.

■ **Nos coups de pouce**

▶ **1.** Revois la définition de la symétrie centrale.
▶ **2.** Revois la définition de la rotation.
▶ **3. a)** Utilise une propriété des rectangles.
b) Applique le théorème de Thalès.
c) Calcule tan $\widehat{VAB}$ dans le triangle VAB rectangle en B.

GÉOMÉTRIE

CORRIGÉ 82

▶ **1.** Les points C, B, A, J, K d'une part et les points G, F, A, P, Q d'autre part sont alignés ; le point A est le milieu des segments [FP], [GQ], [HR] et [IS], donc le rectangle PQRS est l'image du rectangle FGHI par la symétrie de centre A.

> **CONSEIL**
> Pour répondre aux 2 premières questions, fais une figure soignée en utilisant une règle graduée, un rapporteur, une équerre et un compas.

▶ **2.** • AJ = AF, AK = AG, AL = AH, AM = AI.
• $\widehat{FAJ} = \widehat{GAK} = \widehat{HAL} = \widehat{IAM} = 90°$.

• Pour aller de F à J en décrivant un angle de 90°, on tourne dans le sens des aiguilles d'une montre. Il en est de même pour aller de G à K, de H à L et de I à M.

Donc le rectangle JKLM est l'image du rectangle FGHI par la rotation de centre A, d'angle 90° dans le sens inverse des aiguilles d'une montre.

▶ **3. a)** Le quadrilatère BCDE est un rectangle, donc les droites (DC) et (EB) sont parallèles.

Le point V est situé sur le segment [EB], donc les droites (DC) et (VB) sont parallèles.

b) Les points A, B, C sont alignés dans le même ordre que les points A, V, D. De plus les droites (DC) et (VB) sont parallèles. Nous pouvons appliquer le théorème de Thalès et écrire : $\dfrac{AB}{AC} = \dfrac{BV}{CD}$.

Nous obtenons $\dfrac{10}{30} = \dfrac{4}{CD}$ ou encore, en faisant le produit en croix :

$$CD = \dfrac{4 \times 30}{10}$$

$\boxed{CD = 12 \text{ cm}}$.

c) Dans le triangle VAB rectangle en B :

$$\tan \widehat{VAB} = \dfrac{\text{côté opposé}}{\text{côté adjacent}} = \dfrac{BV}{BA}.$$

BV = 4 cm et BA = 10 cm, donc $\tan \widehat{VAB} = \dfrac{4}{10} = 0,4$.

La calculatrice donne, au degré près : $\widehat{VAB} = 22°$.

Les angles $\widehat{DAC}$ et $\widehat{VAB}$ ont la même mesure, donc, au degré près :

$\boxed{\widehat{DAC} = 22°}$.

Polynésie française • Juillet 2019
Exercice 5 • 14 points

Deux voiliers face au vent

Lorsqu'un voilier est face au vent, il ne peut pas avancer.
Si la destination choisie nécessite de prendre une direction face au vent, le voilier devra progresser en faisant des zigzags.
Comparer les trajectoires de ces deux voiliers en calculant la distance en kilomètres et arrondie au dixième, que chacun a parcourue.

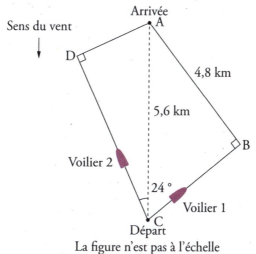

La figure n'est pas à l'échelle

LES CLÉS DU SUJET

■ **Points du programme**

Théorème de Pythagore • Trigonométrie.

■ **Nos coups de pouce**

• Pour le calcul de la distance parcourue par le voilier 1, applique le théorème de Pythagore au triangle CBA rectangle en B.
• Pour le calcul de la distance parcourue par le voilier 2, calcule $\cos \widehat{ACD}$ et $\sin \widehat{ACD}$.

CORRIGÉ 83

• **Distance parcourue par le voilier 1**

Le voilier 1 a parcouru la distance $p_1 = CB + BA$.

En appliquant le théorème de Pythagore au triangle CBA rectangle en B, on obtient :

$$CA^2 = CB^2 + BA^2.$$

D'où :

$$CB^2 = CA^2 - BA^2 = 5{,}6^2 - 4{,}8^2 = 8{,}32.$$

Soit $CB = \sqrt{8{,}32}$. Alors $p_1 = \sqrt{8{,}32} + 4{,}8$.

Une valeur arrondie au dixième de p_1 est alors :

$$\boxed{p_1 = 7{,}7 \text{ km}}.$$

• **Distance parcourue par le voilier 2**

Dans le triangle CDA rectangle en D, $\cos \widehat{ACD} = \dfrac{CD}{CA}$, d'où :

$CD = CA \times \cos \widehat{ACD} = 5{,}6 \times \cos 24°$

$CD = 5{,}1$ (valeur arrondie au dixième).

> **RAPPEL**
> Dans le triangle CDA :
> $\sin \widehat{ACD} = \dfrac{\text{côté opposé}}{\text{hypoténuse}}$
> et $\cos \widehat{ACD} = \dfrac{\text{côté adjacent}}{\text{hypoténuse}}$.

Dans ce même triangle CDA rectangle en D, $\sin \widehat{ACD} = \dfrac{AD}{CA}$, d'où :

$$AD = CA \times \sin \widehat{ACD} = 5{,}6 \times \sin 24°$$

$AD = 2{,}3$ (valeur arrondie au dixième).

Alors $p_2 = CD + DA \approx 5{,}1 + 2{,}3$ cm.

Une valeur arrondie au dixième de p_2 est alors :

$$\boxed{p_2 = 7{,}4 \text{ km}}.$$

$p_1 > p_2$, donc le voilier 1 a parcouru une distance plus grande que le voilier 2.

Rallye VTT

Michel participe à un rallye VTT sur un parcours balisé. Le trajet est représenté en traits pleins.
Le départ du rallye est en A et l'arrivée est en G.

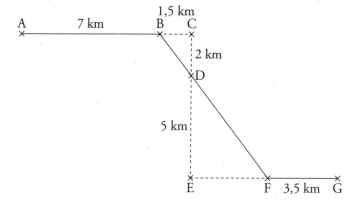

Le dessin n'est pas à l'échelle.
Les points A, B et C sont alignés.
Les points C, D et E sont alignés.
Les points B, D et F sont alignés.
Les points E, F et G sont alignés.
Le triangle BCD est rectangle en C.
Le triangle DEF est rectangle en E.

▶ **1.** Montrer que la longueur BD est égale à 2,5 km.

▶ **2.** Justifier que les droites (BC) et (EF) sont parallèles.

▶ **3.** Calculer la longueur DF.

▶ **4.** Calculer la longueur totale du parcours.

▶ **5.** Michel roule à une vitesse moyenne de 16 km/h pour aller du point A au point B.
Combien de temps mettra-t-il pour aller du point A au point B ?
Donner votre réponse en minutes et secondes.

Utiliser la géométrie plane pour démontrer **CORRIGÉ 84**

LES CLÉS DU SUJET

■ **Points du programme**

Théorème de Pythagore • Théorème de Thalès • Calcul avec des grandeurs mesurables • Conversions des durées.

■ **Nos coups de pouce**

▶ **1.** Applique le théorème de Pythagore au triangle BCD rectangle en C.
▶ **2.** Applique le théorème « deux droites perpendiculaires à une même troisième sont parallèles ».
▶ **3.** Applique le théorème de Thalès.
▶ **5.** Utilise la relation $d = v \times t$ où d représente la distance parcourue, t le temps mis pour la parcourir et v la vitesse moyenne réalisée.

CORRIGÉ 84

▶ **1.** D'après le théorème de Pythagore dans le triangle BCD rectangle en C :
$$BD^2 = CD^2 + CB^2 = 2^2 + 1,5^2 = 6,25.$$
$$\boxed{BD = \sqrt{6,25} = 2,5 \text{ km}}.$$

▶ **2.** Les triangles BCD et DEF sont rectangles respectivement en C et E. Les droites (BC) et (EF) sont donc perpendiculaires à la droite (CE).
Les droites (BC) et (EF) sont donc parallèles entre elles.

▶ **3.** Les points D, B, F sont alignés dans le même ordre que les points D, C, E. De plus les droites (BC) et (EF) sont parallèles, donc nous pouvons appliquer le théorème de Thalès :
$$\frac{DB}{DF} = \frac{DC}{DE}$$
soit $\dfrac{2,5}{DF} = \dfrac{2}{5}$, d'où, en utilisant « le produit en croix » :
$$DF = \frac{5 \times 2,5}{2}$$
$$\boxed{DF = 6,25 \text{ km}}.$$

Utiliser la géométrie plane pour démontrer   **CORRIGÉ 84**

▶ **4.** Notons P la longueur totale du parcours.
$$P = AB + BD + DF + FG$$
$$P = 7 + 2,5 + 6,25 + 3,5$$
$$\boxed{P = 19,25 \text{ km}}.$$

▶ **5.** Si d représente la distance parcourue, t le temps mis pour la parcourir et v la vitesse moyenne réalisée, alors $d = v \times t$ soit $t = \dfrac{d}{v}$.

Or $d = 7$ km et $v = 16$ km/h, donc $t = \dfrac{7}{16}$ h.

D'où $t = \dfrac{7}{16} \times 3\,600$ s $= 1\,575$ s.

Or $1\,575 = 60 \times 26 + 15$, donc $1\,575$ s $= 26$ min 15 s.

Conclusion : pour aller de A à B, Michel mettra 26 min et 15 s.

> **CONSEIL**
> Utilise la division euclidienne : $D = d \times q + r$. D est le dividende, d est le diviseur, q est le quotient et r est le reste.

Les triangles

La figure ci-dessous n'est pas en vraie grandeur. On donne les informations suivantes :
– le triangle ADE a pour dimensions AD = 7 cm, AE = 4,2 cm et DE = 5,6 cm ;
– F est le point de [AD] tel que AF = 2,5 cm ;
– B est le point de [AD) et C est le point de [AE) tels que AB = AC = 9 cm ;
– la droite (FG) est parallèle à la droite (DE).

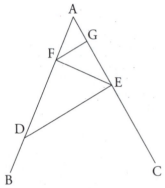

▶ **1.** Réaliser une figure en vraie grandeur.

▶ **2.** Prouver que ADE est un triangle rectangle en E.

▶ **3.** Calculer la longueur FG.

LES CLÉS DU SUJET

■ **Points du programme**

Réciproque du théorème de Pythagore • Théorème de Thalès • Constructions.

■ **Nos coups de pouce**

▶ **2.** Tu dois bien penser à séparer les calculs de carrés de longueurs dans la réciproque du théorème de Pythagore.

CORRIGÉ 85

▶ **1.**

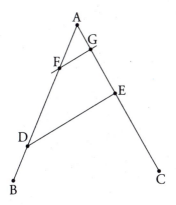

▶ **2.** Dans le triangle ADE, [AD] est le plus grand côté.
D'une part : $AD^2 = 7^2 = 49$.
D'autre part : $AE^2 + ED^2 = 4{,}2^2 + 5{,}6^2 = 17{,}64 + 31{,}36 = 49$.
Donc : $AD^2 = AE^2 + ED^2$.
Donc, d'après la réciproque du théorème de Pythagore, ADE est rectangle en E.

▶ **3.** Les droites (GE) et (FD) sont sécantes en A.
Les droites (FG) et (ED) sont parallèles.
Donc d'après le théorème de Thalès, on a :
$$\frac{AF}{AD} = \frac{AG}{AE} = \frac{FG}{DE}$$
Donc : $\dfrac{2{,}5}{7} = \dfrac{AG}{4{,}2} = \dfrac{FG}{5{,}6}$.

Donc, avec le produit en croix, on a : $\boxed{FG = \dfrac{2{,}5 \times 5{,}6}{7} = 2 \text{ cm.}}$

SUJET 86

Polynésie française • Septembre 2018
Exercice 5 • 17 points

Le ballon de basket

Un collégien français et son correspondant anglais ont de nombreux centres d'intérêt communs comme le basket qu'ils pratiquent tous les deux. Le tableau ci-dessous donne quelques informations sur leurs ballons.

Ballon du collégien français	Ballon du correspondant anglais
$A \approx 1\,950$ cm²	$D \approx 9{,}5$ inch
A désigne l'aire de la surface du ballon et r son rayon. On a $A = 4 \times \pi \times r^2$.	D désigne le diamètre du ballon. L'« inch » est une unité de longueur anglo-saxonne. On a 1 inch = 2,54 cm.

Pour qu'un ballon soit utilisé dans un match officiel, son diamètre doit être compris entre 23,8 cm et 24,8 cm.

▶ **1.** Le ballon du collégien français respecte-t-il cette norme ?

▶ **2.** Le ballon du collégien anglais respecte-t-il cette norme ?

LES CLÉS DU SUJET

■ **Points du programme**

Aire d'une boule • Relation diamètre/rayon • Conversions de longueurs.

■ **Nos coups de pouce**

▶ **1.** Résous une équation carrée.

CORRIGÉ 86

▶ **1.** Aire$_{\text{ballon français}} = 4 \times \pi \times r^2 = 1\,950$

Donc $r^2 = \dfrac{1\,950}{4\pi}$.

Donc $r = \sqrt{\dfrac{1\,950}{4\pi}} \approx 12,5$ cm.

Le diamètre du ballon français est 25 cm, il n'est pas compris entre 23,8 cm et 24,8 cm.

Le ballon français n'est pas conforme.

> **RAPPEL**
> N'oublie pas que le diamètre d'un disque est le double du rayon.

▶ **2.** Diamètre$_{\text{ballon anglais}} = 9,5 \times 2,54 = 24,13$ cm.

Le diamètre du ballon anglais est compris entre 23,8 cm et 24,8 cm.

Donc le ballon anglais est conforme.

Scratch

Amérique du Nord • Juin 2019
Exercice 4 • 10 points

On a programmé un jeu. Le but du jeu est de sortir du labyrinthe. Au début du jeu, le lutin se place au point de départ. Lorsque le lutin touche un mur, représenté par un trait noir épais, il revient au point de départ.

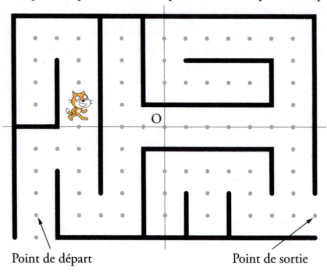

Point de départ   Point de sortie

L'arrière-plan est constitué d'un repère d'origine O avec des points espacés de 30 unités verticalement et horizontalement.

Dans cet exercice, on considérera que seuls les murs du labyrinthe sont noirs. Voici le programme :

```
quand [drapeau vert] est cliqué
mettre à 50 % de la taille initiale
aller à x: -180 y: -120
répéter indéfiniment
    si < couleur [■] touchée? > alors     Couleur : noir
        dire [perdu] pendant 2 secondes
        aller à x: ( ) y: ( )
    sinon
        Réussite
```

```
quand [flèche haut] est pressé
ajouter 30 à y
attendre 0.1 secondes
```

```
quand [flèche bas] est pressé
ajouter -30 à y
attendre 0.1 secondes
```

```
quand [flèche droite] est pressé
ajouter 30 à x
attendre 0.1 secondes
```

```
quand [flèche gauche] est pressé
ajouter -30 à x
attendre 0.1 secondes
```

Le bloc `Réussite` correspond à un sous-programme qui fait dire

« Gagné ! » au lutin lorsqu'il est situé au point de sortie ; le jeu s'arrête alors.

▶ **1.** Recopier et compléter l'instruction `aller à x: ( ) y: ( )` du

programme pour ramener le lutin au point de départ si la couleur noire est touchée.

▶ **2.** Quelle est la distance minimale parcourue par le lutin entre le point de départ et le point de sortie ?

▶ **3.** On lance le programme en cliquant sur le drapeau. Le lutin est au point de départ. On appuie brièvement sur la touche ↑ (« flèche haut ») puis sur la touche → (« flèche droite »). Quelles sont toutes les actions effectuées par le lutin ?

Écrire et exécuter un programme simple **CORRIGÉ 87**

LES CLÉS DU SUJET

■ **Points du programme**

Algorithmique.

■ **Nos coups de pouce**

▶ **2.** Calcule le nombre d'espaces à parcourir du départ à l'arrivée.

CORRIGÉ 87

▶ **1.** Le lutin revient au point de départ :

▶ **2.** La distance minimale parcourue par le lutin entre le point de départ et le point de sortie est de 27 × 30 = 810 unités.
En effet, il y a 27 espaces de 30 unités chacun à parcourir pour aller du départ à l'arrivée.

▶ **3.** Le lutin monte d'un cran puis se décale vers la droite d'une unité. Il touche alors le mur et revient au point de départ.

Polynésie française • Juin 2018
Exercice 6 • 14 points

Logiciel d'algorithmique

Voici un script saisi par Alice dans un logiciel d'algorithmique :

```
quand [drapeau vert] est cliqué
demander "Choisissez un nombre ?" et attendre
envoyer à tous "le nombre a été saisi"
mettre Nombre à réponse
mettre Résultat 1 à 2 * Nombre + 3
mettre Résultat 1 à Résultat 1 * Résultat 1
dire regroupe "Le résultat 1 est" Résultat 1 pendant 2 secondes

quand je reçois "le nombre a été saisi"
mettre Résultat 2 à Nombre * Nombre
mettre Résultat 2 à Résultat 2 * 4
mettre Résultat 2 à Résultat 2 + 12 * Nombre
mettre Résultat 2 à Résultat 2 + 9
attendre 3 secondes
dire regroupe "Le résultat 2 est" Résultat 2
```

▶ **1.** Alice a choisi 3 comme nombre, calculer les valeurs de *Résultat 1* et de *Résultat 2*.
Justifier en faisant apparaître les calculs réalisés.

Écrire et exécuter un programme simple **CORRIGÉ 88**

▶ **2. Généralisation**
a) En appelant x le nombre choisi dans l'algorithme, donner une expression littérale traduisant la première partie de l'algorithme correspondant à *Résultat 1*.
b) En appelant x le nombre choisi dans l'algorithme, donner une expression littérale traduisant la deuxième partie de l'algorithme correspondant à *Résultat 2*.

▶ **3.** Trouver le ou les nombres choisis par Alice qui correspondent au résultat affiché ci-contre.

LES CLÉS DU SUJET

■ **Points du programme**

Algorithmique • Identités remarquables • Réduction • Équation du 1er degré à une inconnue.

■ **Nos coups de pouce**

▶ **1.** Remplace le nombre choisi par 3 et calcule chaque étape du programme.

CORRIGÉ 88

▶ **1.** *Résultat 1* vaut : $(2 \times 3 + 3)^2 = \boxed{81}$
Résultat 2 vaut : $3 \times 3 \times 4 + 12 \times 3 + 9 = \boxed{81}$

▶ **2. a)** *Résultat 1* vaut : $(2 \times x + 3)^2 = \boxed{4x^2 + 12x + 9}$
b) *Résultat 2* vaut : $4x^2 + 12 \times x + 9 = \boxed{4x^2 + 12x + 9}$

▶ **3.** Il s'agit de résoudre l'équation : $(2x+3)^2 = 9$
$$2x + 3 = 3 \text{ ou } 2x + 3 = -3$$
$$2x = 0 \text{ ou } 2x = -6$$
$$x = 0 \text{ ou } x = -3$$

Donc **Alice a pris comme nombre de départ 0 ou −3**.

Antilles, Guyane • Juin 2019
Exercice 2 • 18 points

Motifs

« S'orienter à 90 » signifie que l'on se tourne vers la droite.
Mathieu, Pierre et Élise souhaitent tracer le motif ci-dessous à l'aide de leur ordinateur. Ils commencent tous par le **script commun** ci-dessous, mais écrivent un script **Motif** différent.

Script commun aux trois élèves

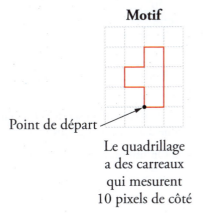

Motif

Point de départ

Le quadrillage a des carreaux qui mesurent 10 pixels de côté

Écrire et exécuter un programme simple   SUJET 89

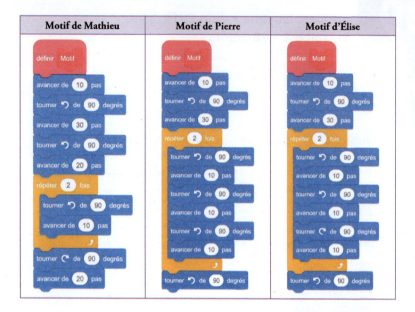

▶ **1.** Tracer le motif de Mathieu en prenant comme échelle 1 cm pour 10 pixels.

▶ **2.** Quel élève a un script permettant d'obtenir le motif souhaité ? On ne demande pas de justifier.

▶ **3.** On utilise ce motif pour obtenir la figure ci-dessous.

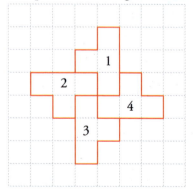

a) Quelle transformation du plan permet de passer à la fois du motif 1 au motif 2, du motif 2 au motif 3 et du motif 3 au motif 4 ?

b) Modifier le **script commun** à partir de la ligne 7 incluse pour obtenir la figure voulue. On écrira sur la copie uniquement la partie modifiée. Vous pourrez utiliser certaines ou toutes les instructions suivantes :

▶ **4.** Un élève trace les deux figures A et B que vous trouverez ci-dessous :

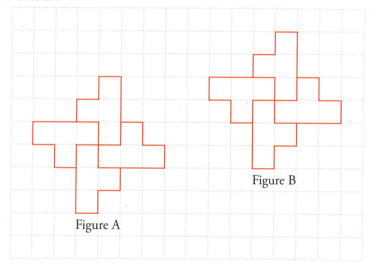

Figure B

Figure A

Placer sur ces figures le centre O de la symétrie centrale qui transforme la figure A en figure B.

LES CLÉS DU SUJET

■ **Points du programme**

Scratch • Transformations du plan.

■ **Nos coups de pouce**

▶ **1.** Suis chaque étape de chaque programme pour voir le motif qui se dessine.

▶ **3. a)** Quelle transformation permet de faire pivoter une figure ?

Écrire et exécuter un programme simple **CORRIGÉ 89**

CORRIGÉ 89

▶ **1.** Voici ci-contre le motif de Mathieu :

▶ **2.** C'est le script d'Élise qui donne le motif attendu.

▶ **3. a)** La transformation pour obtenir cette figure est une rotation de centre O, d'angle 90° dans le sens contraire à celui des aiguilles d'une montre.

b) Le motif doit subir 4 fois successives une rotation de 90° vers la gauche :

▶ **4.**

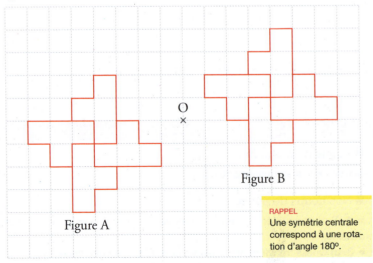

Figure A

Figure B

RAPPEL
Une symétrie centrale correspond à une rotation d'angle 180°.

SUJET 90

Nouvelle-Calédonie • Décembre 2018
Exercice 8 • 9 points

Scripts et déplacements

> **Rappel : orientation du lutin.**
> S'orienter à 90° : pour se déplacer vers la droite.
> S'orienter à 0° : pour se déplacer vers le haut.
> S'orienter à − 90° : pour se déplacer vers la gauche.
> S'orienter à 180° : pour se déplacer vers le bas.
>
> $$\begin{array}{c} 0° \\ -90° \longleftarrow \longrightarrow 90° \\ 180° \end{array}$$

Le chat 🐱 indique la position de départ.

▶ **1.** On exécute le script 1 ci-dessous.

```
quand [drapeau] est cliqué
stylo en position d'écriture
s'orienter à (90▼)
avancer de (80)
répéter (2) fois
    tourner ↺ de (90) degrés
    avancer de (80)
```

Représenter ci-dessous le chemin parcouru par le chat. Le côté d'un carreau mesure 20 unités.

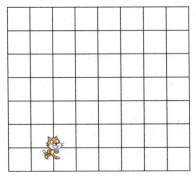

▶ **2. a)** Indiquer sur la copie le numéro du dessin correspondant au script 2 ci-dessous.

```
quand ⚑ est cliqué
mettre [pas ▼] à 80
stylo en position d'écriture
s'orienter à 90 ▼
avancer de (pas)
répéter 2 fois
    tourner ↺ de 90 degrés
    mettre [pas ▼] à ((pas) - 20)
    avancer de (pas)
```

Le côté d'un carreau mesure 20 unités.

Écrire et exécuter un programme simple **SUJET 90**

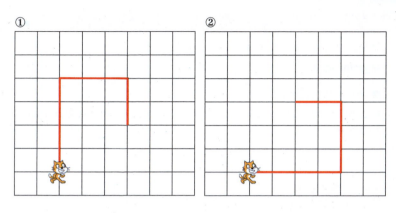

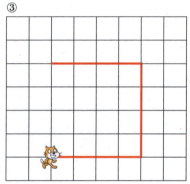

b) On souhaite modifier le script 2 pour parcourir le chemin suivant :

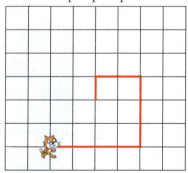

Quelle(s) modification(s) peut-on apporter au script 2 pour parcourir ce chemin ?

Écrire et exécuter un programme simple **CORRIGÉ 90**

LES CLÉS DU SUJET

■ **Points du programme**

Algorithmique.

■ **Nos coups de pouce**

▶ **2. b)** Le dernier segment tracé mesure 20 pixels et est perpendiculaire au précédent.

CORRIGÉ 90

▶ **1.**

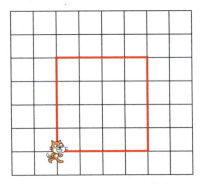

▶ **2. a)** C'est le numéro 2 puisque d'un segment de 80 pixels on passe à un second de 60 pixels puis un dernier de 40 pixels.

b) Dans la boucle « répéter », il faut remplacer 2 par 3.

France métropolitaine • Septembre 2019
Exercice 6 • 20 points

Jeux de dés

Deux amis, Armelle et Basile, jouent aux dés en utilisant des dés bien équilibrés, mais dont les faces ont été modifiées. Armelle joue avec le dé A et Basile joue avec le dé B.
Lors d'une partie, chaque joueur lance son dé et celui qui obtient le plus grand numéro gagne un point.
Voici les patrons des deux dés :

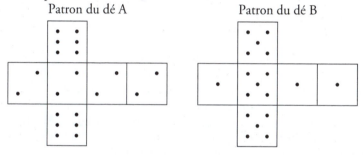

▶ **1.** Une partie peut-elle aboutir à un match nul ?

▶ **2. a)** Si le résultat obtenu avec le dé A est 2, quelle est la probabilité que Basile gagne un point ?
b) Si le résultat obtenu avec le dé B est 1, quelle est la probabilité qu'Armelle gagne un point ?

▶ **3.** Les joueurs souhaitent comparer leur chance de gagner. Ils décident de simuler un match de soixante mille duels à l'aide d'un programme informatique.
Voici une partie du programme qu'ils ont réalisé.

Programme principal

```
quand [drapeau] est cliqué
mettre Victoire de A ▼ à 0
mettre Victoire de B ▼ à 0
répéter 60000 fois
    Lancer le dé A
    Lancer le dé B
    si ( ) < ( ) alors
        ajouter 1 à Victoire de A ▼
    sinon
        ajouter 1 à Victoire de B ▼
```

Sous-programmes

```
définir Lancer le dé A
mettre tirage de dé ▼ à nombre aléatoire entre 1 et 6
si (tirage de dé) < 5 alors
    mettre FaceA ▼ à 2
sinon
    mettre FaceA ▼ à 6

définir Lancer le dé B
```

On précise que l'expression (**nombre aléatoire entre 1 et 6**) renvoie de manière équiprobable un nombre pouvant être 1 ; 2 ; 3 ; 4 ; 5 ou 6.
Les variables *FaceA* et *FaceB* enregistrent les résultats des dés A et B. Par exemple, la variable *FaceA* peut prendre soit la valeur 2, soit la valeur 6, puisque ce sont les seuls nombres présents sur le dé A.
Les variables *Victoire de A* et *Victoire de B* comptent les victoires des joueurs.

a) Lorsqu'on exécute le sous-programme « Lancer le dé A », quelle est la probabilité que la variable *FaceA* prenne la valeur 2 ?
b) Recopier la ligne 7 du programme principal en la complétant.
c) Rédiger un sous-programme « Lancer le dé B » qui simule le lancer du dé B et enregistre le nombre obtenu dans la variable *FaceB*.

▶ **4.** Après exécution du programme principal, on obtient les résultats suivants :
Victoire de A = 39 901 ;   *Victoire de B* = 20 099.
a) Calculer la fréquence de gain du joueur A, exprimée en pourcentage. On donnera une valeur approchée à 1 % près.
b) Conjecturer la probabilité que A gagne contre B.

Écrire et exécuter un programme simple **CORRIGÉ 91**

> ### LES CLÉS DU SUJET
>
> ■ **Points du programme**
>
> Scratch • Probabilités • Fréquences.
>
> ■ **Nos coups de pouce**
>
> ▶ **3.** Pour rappel,
>
> fréquence (événement A) = $\dfrac{\text{nombre de fois où A se produit}}{\text{nombre total de fois où l'expérience est menée}}$.

CORRIGÉ 91

▶ **1.** Il n'y a aucun chiffre en commun sur les deux dés, donc **il ne peut pas y avoir de match nul**.

▶ **2. a)** Sachant que c'est le chiffre 2 qui est sorti pour Armelle, pour que Basile gagne 1 point, il est nécessaire qu'il sorte un chiffre supérieur à 2, donc un 5.

Or, sur les six faces, il y a trois fois le chiffre 5, donc :

$$p(\text{« Basile gagne un point »}) = \dfrac{3}{6} = 0,5.$$

b) Sachant que c'est le chiffre 1 qui est sorti pour Basile, pour qu'Armelle gagne 1 point, il est nécessaire qu'elle sorte un chiffre supérieur à 1.

> **RAPPEL**
> Un événement certain a une probabilité de 1.

Or, les chiffres des faces du dé d'Armelle sont des 2 et des 6.

Donc Armelle est sûre de gagner un point :

$$p(\text{« Armelle gagne un point »}) = 1.$$

▶ **3. a)** Il y a 4 chances sur 6 que le nombre tiré soit inférieur à 5, donc que *Face A* prenne la valeur 2, d'où :

$$p(\text{« Face A = 2 »}) = \dfrac{4}{6} = \dfrac{2}{3}.$$

b) Il y a victoire de A si *Face B* est inférieur à *Face A*.

Il faut donc compléter la ligne 7 ainsi :

c) Voici le script attendu :

▶ **4. a)** Sur les 60 000 lancers, 39 901 cas apportent la victoire du joueur A.
Donc la fréquence de gain du joueur A est :
$$\frac{39\ 901}{60\ 000} \approx 0{,}67$$
soit 67 % à 0,1 près.

b) La probabilité de réalisation d'un événement est la fréquence d'apparition de cet événement lorsque l'on reproduit un très grand nombre de fois l'expérience.
La probabilité que A gagne est donc de 0,67.

Polynésie française • Septembre 2018
Exercice 6 • 14 points

Le vélo de piscine

Une personne pratique le vélo de piscine depuis plusieurs années dans un centre aquatique à raison de deux séances par semaine. Possédant une piscine depuis peu, elle envisage d'acheter un vélo de piscine pour pouvoir l'utiliser exclusivement chez elle et ainsi ne plus se rendre au centre aquatique.

- Prix de la séance au centre aquatique : 15 €.
- Prix d'achat d'un vélo de piscine pour une pratique à la maison : 999 €.

▶ **1.** Montrer que 10 semaines de séances au centre aquatique lui coûtent 300 €.

▶ **2.** Que représente la solution affichée par le programme ci-après ?

```
quand [drapeau] est cliqué
mettre [x] à (0)
répéter jusqu'à ⟨ (x * 2 * 15) > 999 ⟩
    ajouter à [x] (1)
dire regroupe [La solution est : ] (x)
```

▶ **3.** Combien de semaines faudrait-il pour que l'achat du vélo de piscine soit rentabilisé ?

LES CLÉS DU SUJET

■ **Points du programme**

Algorithmique • Inéquation.

■ **Nos coups de pouce**

▶ **3.** Arrondir la solution de l'inéquation à l'entier supérieur.

CORRIGÉ 92

▶ **1.** Le prix payé pour le centre aquatique est : $15 \times 2 \times 10 = \boxed{300\,€}$

▶ **2.** La solution affichée par ce programme est le nombre de séances au-delà duquel le prix payé au centre aquatique est supérieur au prix du vélo aquatique.

▶ **3.** On résout l'inéquation :
$$2x \times 15 > 999$$
$$30x > 999$$
$$x > \frac{999}{30}$$
$$x > 33,3$$

Donc à partir de 34 séances au centre aquatique le vélo de piscine est rentabilisé.

Amérique du Sud • Novembre 2018
Exercice 6 • 12 points

Suite de carrés

Léna et Youri travaillent sur un programme. Ils ont obtenu le dessin suivant :

Ils ont ensuite effacé une donnée par erreur dans le script principal. Voici les copies d'écran de leur travail :

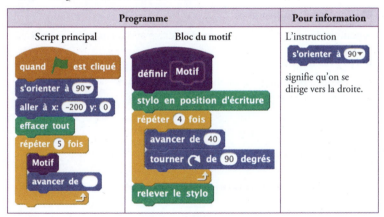

Dans cet exercice, aucune justification n'est demandée.

▶ **1. a)** La valeur effacée dans le script principal était-elle 40 ou bien 60 ?
b) Dessiner sur la copie ce qu'on aurait obtenu avec l'autre valeur. On représentera l'instruction « avancer de 20 » par un segment de longueur 1 cm.

▶ **2.** Léna et Youri souhaitent maintenant obtenir un triangle équilatéral comme motif.

Écrire et exécuter un programme simple **CORRIGÉ 93**

Afin d'obtenir un triangle équilatéral :
• par quelle valeur peut-on remplacer **a** ?
• par quelle valeur peut-on remplacer **b** ?
• par quelle valeur peut-on remplacer **c** ?

LES CLÉS DU SUJET

■ **Points du programme**

Algorithmique • Propriétés de base d'un carré et d'un triangle équilatéral.

■ **Nos coups de pouce**

▶ **1.** Le point de départ du second carré est décalé de : « côté carré + 20 ».
▶ **2.** Attention à l'angle de rotation.

CORRIGÉ 93

▶ **1. a)** Le nombre manquant est $\boxed{60}$.
b) *Le dessin est plus petit que celui demandé.*

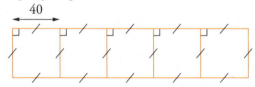

▶ **2.** On doit remplacer **a** par $\boxed{3}$ car un triangle équilatéral a 3 côtés égaux.

On doit remplacer **b** par $\boxed{40}$.

On doit remplacer **c** par $\boxed{120}$.

Programmes de calculs

▶ **1.** On a utilisé une feuille de calcul pour obtenir les images de différentes valeurs de x par une fonction affine f.
Voici une copie de l'écran obtenu :

B2		f_x	=3*B1-4				
	A	B	C	D	E	F	G	H
1	x	–2	–1	0	1	2	3	4
2	$f(x)$	–10	–7	–4	–1	2	5	8

a) Quelle est l'image de –1 par la fonction f ?
b) Quel est l'antécédent de 5 par la fonction f ?
c) Donner l'expression de $f(x)$.
d) Calculer $f(10)$.

▶ **2.** On donne le programme suivant qui traduit un programme de calcul.

Écrire et exécuter un programme simple **CORRIGÉ 94**

a) Écrire sur votre copie les deux dernières étapes du programme de calcul :
- Choisir un nombre.
- Ajouter 3 à ce nombre.
- ……
- ……

b) Si on choisit le nombre 8 au départ, quel sera le résultat ?
c) Si on choisit x comme nombre de départ, montrer que le résultat obtenu avec ce programme de calcul sera $2x + 1$.
d) Quel nombre doit-on choisir au départ pour obtenir 6 ?

▶ **3.** Quel nombre faudrait-il choisir pour que la fonction f et le programme de calcul donnent le même résultat ?

LES CLÉS DU SUJET

■ **Points du programme**

Scratch • Fonctions affines • Calcul littéral • Équation du 1er degré à une inconnue.

■ **Nos coups de pouce**

▶ **1.** Observe bien ce qui a été rentré comme formule dans le bandeau du haut.
▶ **2.** Traduis les lignes 5 et 6 du programme.

CORRIGÉ 94

▶ **1. a)** L'image de -1 par f est : $\boxed{f(-1) = 7}$.

RAPPEL
Chercher une image par f, c'est, connaissant x, trouver $f(x)$.

b) L'antécédent de 5 par f est 3.

c) La ligne ` × ✓ fx =3*B1-4 ` permet d'écrire que : $\boxed{f(x) = 3x - 4}$.

d) $f(10) = 3 \times 10 - 4 = 30 - 4$, d'où : $\boxed{f(10) = 3}$.

Écrire et exécuter un programme simple   **CORRIGÉ 94**

▶ **2. a)**
- Choisir un nombre.
- Ajouter 3 à ce nombre.
- Multiplier le tout par 2.
- Soustraire 5.

b) Choisissons 8 au départ.

$(8 + 3) \times 2 - 5 = 11 \times 2 - 5 = 22 - 5 = 17$.

Donc le résultat obtenu est 17.

c) Nombre de départ : x.

Ajouter 3 : on obtient $x + 3$.

ATTENTION !
Pense à la distributivité !

Multiplier le tout par 2 : on obtient $(x + 3) \times 2 = 2x + 6$.

Soustraire 5 : on obtient $2x + 6 - 5 = 2x + 1$.

Le résultat obtenu avec ce programme de calcul est donc $2x + 1$.

d) Il s'agit de résoudre l'équation :
$$2x + 1 = 6$$
$$2x = 6 - 1$$
$$2x = 5$$
$$\boxed{x = \frac{5}{2} = 2{,}5}.$$

Pour obtenir 6, il faut choisir 2,5.

▶ **3.** Il s'agit de résoudre l'équation $f(x) = 2x + 1$, soit :
$$3x - 4 = 2x + 1$$
$$3x - 2x = 1 + 4$$
$$x = 5.$$

Pour que le programme donne le même résultat que la fonction f il faut prendre comme nombre de départ $x = 5$. Dans les deux cas, le résultat obtenu est 11.

Scratch

France métropolitaine • Juin 2018
Exercice 6 • 16 points

Les longueurs sont en pixels.
L'expression « s'orienter à 90 » signifie que l'on s'oriente vers la droite.
On donne le programme suivant :

▶ **1.** On prend comme échelle 1 cm pour 50 pixels.
a) Représenter sur votre copie la figure obtenue si le programme est exécuté jusqu'à la ligne 7 comprise.
b) Quelles sont les coordonnées du stylo après l'exécution de la ligne 8 ?

▶ **2.** On exécute le programme complet et on obtient la figure ci-contre qui possède un axe de symétrie vertical.
Recopier et compléter la ligne 9 du programme pour obtenir cette figure (ici à l'échelle 1/2).

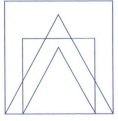

▶ **3. a)** Parmi les transformations suivantes, translation, homothétie, rotation, symétrie axiale, quelle est la transformation géométrique qui permet d'obtenir le petit carré à partir du grand carré ? Préciser le rapport de réduction.
b) Quel est le rapport des aires entre les deux carrés dessinés ?

Écrire et exécuter un programme simple CORRIGÉ 95

LES CLÉS DU SUJET

■ **Points du programme**

Algorithmique • Transformations usuelles du plan.

■ **Nos coups de pouce**

▶ **3. a)** Quelle transformation réduit ou agrandit une figure ?

CORRIGÉ 95

▶ **1. a)**

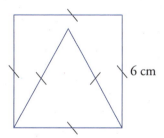

b) Les coordonnées du stylo sont ($x = 50$; $y = 0$).

▶ **2.** À la ligne 9, il faut écrire : « mettre longueur à 200 ».

REMARQUE
Seule l'abscisse du chat est modifiée.

▶ **3. a)** C'est une homothétie qui permet de passer du premier carré au second carré.

Le rapport de l'homothétie vaut $\dfrac{300 - 50 - 50}{300} = \dfrac{200}{300} = \boxed{\dfrac{2}{3}}$.

b) Le rapport des deux aires est égal au carré du coefficient de réduction, c'est-à-dire $\boxed{\left(\dfrac{2}{3}\right)^2 = \dfrac{4}{9}}$.

Centres étrangers • Juin 2018
Exercice 6 • 18 points

Le robot jardinier

Le maraîchage est l'activité professionnelle qui consiste à cultiver les légumes, certains fruits, fleurs ou plantes aromatiques.
Afin de diminuer la pénibilité des travaux de maraîchage, un agriculteur a acquis un robot électrique pour effectuer le désherbage de ses cultures.

PARTIE A • PARCOURS DU ROBOT

Le robot doit parcourir 49 allées parallèles écartées de 1 m, représentées sur le schéma ci-après. Les 48 premières allées, situées dans une parcelle rectangulaire, mesurent 80 m de long :
– la 1re allée est [PQ] ;
– la 2e allée est [RS] ;
– la 3e allée est [TU] ;
– les allées 4 à 47 ne sont pas représentées ;
– la 48e allée est [CB].
La 49e et dernière allée, [DE], est située dans une parcelle triangulaire. Montrer que la longueur de la dernière allée est DE = 64 m.

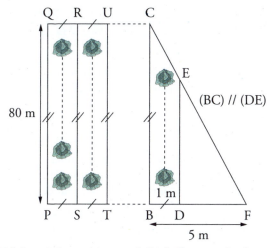

Schéma 1 du terrain non à l'échelle : vue du dessus

PARTIE B • PROGRAMME DE DÉPLACEMENT DU ROBOT

On souhaite programmer le déplacement du robot du point P au point E. Le script ci-dessous, réalisé sous Scratch, est incomplet. Toutes les allées sont parcourues une seule fois. L'image « Robot » correspond au résultat attendu lorsque le drapeau vert est cliqué.

On rappelle que l'instruction s'orienter à 0▾ signifie que le robot se dirige vers le haut.

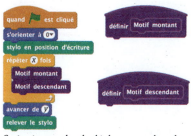

Script incomplet de déplacement du robot

Image à obtenir avec le script complet

Écrire et exécuter un programme simple **CORRIGÉ 96**

Pour répondre aux questions 1 et 2, utiliser autant que nécessaire les blocs : `avancer de ●` `tourner ↶ de ● degrés` `tourner ↷ de ● degrés`

Les longueurs doivent être indiquées en mètres.

▶ **1.** Le nouveau bloc « Motif montant » doit reproduire un déplacement du type P-Q-R (voir schéma 1) et positionner le robot prêt à réaliser le motif suivant. Écrire une succession de 4 blocs permettant de définir : « Motif montant ».

▶ **2.** Le nouveau bloc « Motif descendant » doit reproduire un déplacement du type R-S-T (voir schéma 1) et positionner le robot prêt à réaliser le motif suivant. Quelle(s) modification(s) suffit-il d'apporter au bloc « Motif montant » pour obtenir le bloc « Motif descendant » ?

▶ **3.** Quelles valeurs faut-il donner à x et à y dans le script principal pour que le programme de déplacement du robot donne le résultat attendu ?

LES CLÉS DU SUJET

■ **Points du programme**

Écriture d'un programme sous Scratch • Théorème de Thalès.

■ **Nos coups de pouce**

Pour traiter la partie A, repère la configuration de Thalès dans le triangle CBF.

CORRIGÉ 96

PARTIE A

Dans le triangle CBF :

E ∈ [FC] ; D ∈ [FB] et (ED) // (CB).

Donc d'après le théorème de Thalès, on a :

$$\frac{FE}{FC} = \frac{FD}{FB} = \frac{ED}{BC}$$

$$\frac{FE}{FC} = \frac{5-1}{5} = \frac{ED}{80}$$

Donc : $\boxed{ED = \frac{4 \times 80}{5} = 64 \text{ m}}$.

PARTIE B

▶ **1.** Le programme à écrire est :

▶ **2.** À la place des blocs « tourner à droite », on met les blocs « tourner à gauche ».

▶ **3.** Il faut donner la valeur $48 \div 2 = \boxed{24}$ à la variable x car il y a 24 allers-retours.

Il faut donner la valeur $\boxed{64}$ à y pour avancer de 64 m à la dernière rangée.

ATTENTION !
Il y a 48 rangées donc le robot n'effectue que 24 allers-retours.

Centres étrangers • Juin 2019
Exercice 3 • 16 points

Scratch et géométrie

PARTIE A

Dans cette partie, toutes les longueurs sont exprimées en centimètres.

On considère les deux figures ci-dessous, un triangle équilatéral et un rectangle, où x représente un nombre positif quelconque.

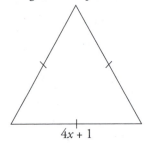
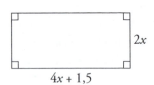

▶ **1.** Construire le triangle équilatéral pour $x = 2$.

▶ **2. a)** Démontrer que le périmètre du rectangle en fonction de x peut s'écrire $12x + 3$.
b) Pour quelle valeur de x le périmètre du rectangle est-il égal à 18 cm ?

▶ **3.** Est-il vrai que les deux figures ont le même périmètre pour toutes les valeurs de x ? Justifier.

PARTIE B

On a créé les scripts (ci-après) sur Scratch qui, après avoir demandé la valeur de x à l'utilisateur, construisent les deux figures de la partie **A**. Dans ces deux scripts, les lettres A, B, C et D remplacent des nombres. Donner des valeurs à A, B, C et D pour que ces deux scripts permettent de construire les figures de la partie **A** et préciser alors la figure associée à chacun des scripts.

Écrire et exécuter un programme simple **CORRIGÉ 97**

LES CLÉS DU SUJET

■ **Les points du programme**

• Périmètres de figures usuelles • Calcul littéral et équations • Algorithmique

■ **Nos coups de pouce**

▶ **2. a)** Pense à résoudre une équation.

CORRIGÉ 97

PARTIE A

▶ **1.** Le triangle est équilatéral.
Si x vaut 2 alors le côté mesure :
$4 \times 2 + 1 = 9$ cm.

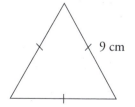

Écrire et exécuter un programme simple CORRIGÉ

▶ **2. a)** On a :
$P_{\text{rectangle}} = 2L + 2l$
$= 2(4x+1,5) + 2 \times 2x$
$= 8x + 3 + 4x$ (distributivité simple)
$= \boxed{12x + 3}$

b) On résout l'équation :
$12x + 3 = 18$
$12x = 18 - 3$
$12x = 15$
$\boxed{x = \dfrac{15}{12} = \dfrac{5}{4} = 1,25 \text{ cm}}$

▶ **3.** $P_{\text{triangle}} = 3(4x+1) = 12x + 3$
$P_{\text{rectangle}} = 12x + 3$
Les deux formules sont identiques donc l'égalité des périmètres est vraie pour toute valeur de x.

> **À NOTER**
> Pour prouver une égalité entre deux expressions littérales, prendre des valeurs particulières ne suffit pas !

PARTIE B

Le script 1 permet de tracer le rectangle.

Le script 2 permet de tracer le triangle équilatéral.

A doit valoir $\boxed{2}$ puisque le tracé d'une longueur et d'une largeur doit être fait 2 fois pour obtenir un rectangle.

B doit valoir $\boxed{90}$ car un rectangle a quatre angles droits.

C doit valoir $\boxed{3}$ puisqu'un triangle a 3 côtés.

D doit valoir $\boxed{120°}$ car un triangle équilatéral a ses angles égaux à 60°.

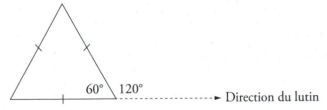

Jeu de fléchettes

Dans tout l'exercice, l'unité de longueur est le mm.

On lance une fléchette sur une plaque carrée sur laquelle figure une cible circulaire (en bleu sur la figure). Si la pointe de la fléchette est sur le bord de la cible, on considère que la cible n'est pas atteinte.

On considère que cette expérience est aléatoire et l'on s'intéresse à la probabilité que la fléchette atteigne la cible.

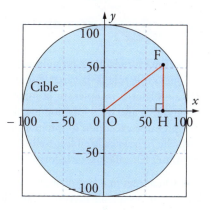

- La longueur du côté de la plaque carrée est 200.
- Le rayon de la cible est 100.
- La fléchette est représentée par le point F de coordonnées $(x\,;\,y)$ où x et y sont des nombres aléatoires compris entre -100 et 100.

▶ **1.** Dans l'exemple ci-dessus, la fléchette F est située au point de coordonnées $(72\,;\,54)$.
Montrer que la distance OF, entre la fléchette et l'origine du repère, est 90.

▶ **2.** D'une façon générale, quel nombre ne doit pas dépasser la distance OF pour que la fléchette atteigne la cible ?

▶ **3.** On réalise un programme qui simule plusieurs fois le lancer de cette fléchette sur la plaque carrée et qui compte le nombre de lancers atteignant la cible. Le programmeur a créé trois variables nommées : **carré de OF**, **distance** et **score**.

Écrire et exécuter un programme simple   **SUJET 98**

```
1  quand [drapeau] est cliqué
2  mettre [score ▾] à (0)
3  répéter (120) fois
4    aller à x: (nombre aléatoire entre (-100) et (100)) y: (nombre aléatoire entre (-100) et (100))
5    mettre [carré de OF ▾] à ((abscisse x) * (abscisse x)) + (_____)
6    mettre [distance ▾] à (racine ▾ de (_____))
7    si (distance) < (_____) alors
8      ajouter à [score ▾] (1)
```

a) Lorsqu'on exécute ce programme, combien de lancers sont simulés ?
b) Quel est le rôle de la variable **score** ?
c) Compléter et recopier sur la copie uniquement les lignes 5, 6 et 7 du programme afin qu'il fonctionne correctement.
d) Après une exécution du programme, la variable **score** est égale à 102. À quelle fréquence la cible a-t-elle été atteinte dans cette simulation ? Exprimer le résultat sous la forme d'une fraction irréductible.

▶ **4.** On admet que la probabilité d'atteindre la cible est égale au quotient : aire de la cible divisée par aire de la plaque carrée. Donner une valeur approchée de cette probabilité au centième près.

LES CLÉS DU SUJET

■ **Points du programme**

Théorème de Pythagore • Aires usuelles • Algorithmique.

■ **Nos coups de pouce**

▶ **3. c)** La deuxième coordonnée est l'ordonnée.
d) La fréquence d'une donnée correspond au quotient de l'effectif de cette donnée par l'effectif total.

Écrire et exécuter un programme simple **CORRIGÉ 98**

CORRIGÉ 98

▶ **1.** Le triangle OHF est rectangle en H donc d'après le théorème de Pythagore on a :
$OF^2 = OH^2 + HF^2$
$OF^2 = 72^2 + 54^2$
$OF^2 = 8100$
$OF = \sqrt{8100} = 90$

RAPPEL
Pour calculer une longueur dans un triangle rectangle, pense au théorème de Pythagore !

La distance OF vaut 90.

▶ **2.** La distance OF ne doit pas dépasser la valeur 100 puisque c'est le rayon maximal de la cible.

▶ **3. a)** La boucle « répéter » nous indique que 120 lancers ont été simulés.

b) La variable **score** compte le nombre de fois où la cible a été atteinte.

c)

```
5  mettre [carré de OF ▼] à (abscisse x) * (abscisse x) + (ordonnée y) * (ordonnée y)
6  mettre [distance ▼] à (racine ▼ de (carré de OF))
7  si <(distance) < (100)> alors
       ajouter à [score ▼] (1)
```

d) La cible a été atteinte avec une fréquence de $\dfrac{102}{120} = \dfrac{17}{20}$.

▶ **4.** $\text{Aire}_{\text{cible}} = \pi \times r^2 = \pi \times 100^2 = 10\,000\pi$
$\text{Aire}_{\text{rectangle}} = c \times c = 200 \times 200 = 40\,000$

La probabilité d'atteindre la cible est de $\dfrac{10\,000\pi}{40\,000} \approx 0{,}79$.

Le mémo du brevet

L'essentiel du programme en fiches

1. **Différents nombres et leurs représentations**..................273
2. **Puissance et racine carrée**..............274
3. **Calcul numérique**.......................275
4. **Calcul littéral**...........................276
5. **Statistiques – Probabilités**.............277
6. **Fonctions – Pourcentages**..............278
7. **Grandeurs et mesures**..................279
8. **Transformations sur une figure**.........280
9. **Repérage**................................281
10. **Triangle et parallélogramme**............282
11. **Pythagore et Thalès**....................283
12. **Algorithmique et programmation**........284

1 Différents nombres et leurs représentations

Notion	Définition
Nombre entier naturel	Nombre entier (c'est-à-dire qui s'écrit sans chiffre après la virgule) positif ou nul.
Nombre entier relatif	Nombre entier positif, négatif ou nul.
Nombre décimal	Nombre qui s'écrit avec un nombre fini de chiffres après la virgule. *Exemple* : 0,64.
Nombre rationnel (ou fraction)	Nombre qui peut s'écrire sous la forme d'une fraction, c'est-à-dire sous la forme $\frac{a}{b}$, où a et b sont des nombres entiers relatifs et $b \neq 0$. *Exemple* : $\frac{16}{25}$.
Fraction décimale	Fraction dont le dénominateur est une puissance de 10. *Exemple* : $\frac{64}{10^2} = \frac{64}{100}$.
Notation scientifique d'un nombre	Notation de la forme $x = a \times 10^n$ où $1 \leq a < 10$ et n est un entier relatif. On peut utiliser cette notation pour tout nombre positif x. *Exemple* : $6,4 \times 10^{-1}$.
Nombre irrationnel	Nombre qui ne peut pas s'écrire sous la forme d'une fraction. *Exemples* : $\sqrt{2}$, π…

REMARQUES

1. Un même nombre peut s'écrire de différentes façons.
Ainsi 0,64, $\frac{16}{25}$, $\frac{64}{100}$ et $6,4 \times 10^{-1}$ représentent le même nombre.

2. Un nombre rationnel a une infinité d'écritures sous forme de fraction.
Une **fraction irréductible** est une fraction qui ne peut pas être simplifiée.

3. Attention ! Ne pas confondre l'opposé et l'inverse d'un nombre.
- Deux nombres sont **opposés** si leur somme est nulle.

Exemples : -5 est l'opposé de 5, $-\frac{1}{3}$ est l'opposé de $\frac{1}{3}$.

- Deux nombres sont **inverses** si leur produit est 1.

Exemples : $\frac{1}{5}$ est l'inverse de 5, $-\frac{1}{3}$ est l'inverse de -3.

2 Puissance et racine carrée

A Définitions

Notion	Définition
Puissance d'un nombre	Produit de n facteurs égaux à a (a étant un nombre non nul et n un nombre entier naturel positif). On le note a^n : $a^n = \underbrace{a \times a \times ... \times a}_{n \text{ facteurs}}$. a^{-n} est l'inverse de a^n. Donc $a^{-n} = \dfrac{1}{a^n}$. Exemples : $5^3 = 5 \times 5 \times 5 = 125$; $10^{-2} = \dfrac{1}{10^2} = \dfrac{1}{100} = 0{,}01$.
Racine carrée d'un nombre	Nombre positif dont le carré est égal à a (où a est un nombre positif donné). On le note $\sqrt{a}$. Exemples : $\sqrt{25} = 5$; $\sqrt{56{,}25} = 7{,}5$.

B Préfixes scientifiques

Préfixe	Symbole	Puissance de 10	Valeur	Exemples
giga	G	10^9	1 000 000 000	1 gigawatt = 1 000 000 000 watts
méga	M	10^6	1 000 000	1 mégahertz = 1 000 000 hertz
kilo	k	10^3	1 000	1 kilocalorie = 1 000 calories
hecto	h	10^2	100	1 hectopascal = 100 pascals
déca	da	10^1	10	1 décalitre = 10 litres
déci	d	10^{-1}	0,1	1 décimètre = 0,1 mètre
centi	c	10^{-2}	0,01	1 centigramme = 0,01 gramme
milli	m	10^{-3}	0,001	1 milliseconde = 0,001 seconde
micro	μ	10^{-6}	0,000 001	1 microampère = 0,000 001 ampère
nano	n	10^{-9}	0,000 000 001	1 nanomètre = 0,000 000 001 m

3 Calcul numérique

A Multiples, diviseurs – Nombres premiers

Notion	Définition
Multiple	On appelle multiple d'un entier naturel le produit de ce nombre entier naturel par un autre nombre entier naturel. *Exemples* : 45, 135 et 225 sont des multiples de 15, car $45 = 3 \times 15$ et $135 = 9 \times 15$ et $225 = 15 \times 15$.
Diviseur	Soient deux entiers naturels a et b. a est un diviseur de b lorsque la division de b par a se fait exactement, c'est-à-dire ne donne pas de reste. *Exemple* : 13 est un diviseur de 91 car $91 = 13 \times 7 + 0$.
Critères de divisibilité	Un nombre est divisible : • par 2 si son chiffre des unités est 0, 2, 4, 6 ou 8 ; • par 3 si la somme de ses chiffres est divisible par 3 ; • par 5 si son chiffre des unités est 0 ou 5 ; • par 9 si la somme de ses chiffres est divisible par 9 ; • par 10 si son chiffre des unités est 0.
Nombre premier	Nombre entier naturel divisible seulement par lui-même et par 1. *Exemple* : 17 est un nombre premier. 55 n'est pas un nombre premier car il est divisible par 5.
Décomposition d'un nombre entier en un produit de facteurs premiers	Opération qui consiste à transformer un nombre entier en un produit de nombres premiers. *Exemple* : $600 = 2^3 \times 3 \times 5^2$.

B Les fractions : comparer et calculer

Objectif	Règle
Comparer	Si deux fractions ont le même dénominateur, la fraction la plus grande est celle qui a le plus grand numérateur. Si deux fractions ont le même numérateur, la fraction la plus grande est celle qui a le plus petit dénominateur.
Additionner ou soustraire	Pour additionner (ou soustraire) deux fractions, on les réduit au même dénominateur puis on additionne (ou on soustrait) les numérateurs et on conserve le dénominateur commun.
Multiplier	Pour multiplier deux fractions, on multiplie les numérateurs entre eux et les dénominateurs entre eux.
Diviser	Pour diviser deux fractions, on multiplie la fraction numérateur par l'inverse de la fraction dénominateur.

4 Calcul littéral

A Développer

- À l'aide de la **propriété de distributivité** : on utilise les règles de la distributivité de la multiplication par rapport à l'addition.

Quels que soient les nombres a, b, c, d :
$a \times (b + c) = a \times b + a \times c$
Exemple : $2x \times (x + 3) = 2x^2 + 6x$
$(a + b) \times (c + d) = a \times c + a \times d + b \times c + b \times d$
Exemple : $(6 - x) \times (2 - 3x) = 12 - 18x - 2x + 3x^2 = 3x^2 - 20x + 12$

- À l'aide des **identités remarquables** : on distingue trois identités remarquables, a et b étant deux réels quelconques :

$(a + b)^2 = a^2 + 2ab + b^2$ Exemple : $(2x + 5)^2 = 4x^2 + 20x + 25$
$(a - b)^2 = a^2 - 2ab + b^2$ Exemple : $(2x - 4)^2 = 4x^2 - 16x + 16$
$(a + b) \times (a - b) = a^2 - b^2$ Exemple : $(3x + 1) \times (3x - 1) = 9x^2 - 1$

B Factoriser

- À l'aide de la **propriété de distributivité**.

Quels que soient les nombres a, b, c, d :
$a \times b + a \times c = a \times (b + c)$ Exemple : $2x \times (3x + 1) + 2x \times (2x + 5) = 2x \times (5x + 6)$

- À l'aide des **identités remarquables** :

$a^2 + 2ab + b^2 = (a + b)^2$ Exemple : $x^2 + 6x + 9 = (x + 3)^2 = (x + 3) \times (x + 3)$
$a^2 - 2ab + b^2 = (a - b)^2$ Exemple : $x^2 - 4x + 4 = (x - 2)^2 = (x - 2) \times (x - 2)$
$a^2 - b^2 = (a + b) \times (a - b)$ Exemple : $x^2 - 4 = x^2 - 2^2 = (x + 2) \times (x - 2)$

C Équation produit

On utilise la propriété : lorsqu'un produit de facteurs est nul, alors l'un au moins des facteurs est nul.
Exemple : résoudre l'équation $(2x - 1) \times (-x + 3) = 0$.
La propriété ci-dessus permet d'affirmer que :
$2x - 1 = 0$, soit $x = \dfrac{1}{2}$ ou $-x + 3 = 0$, soit $x = 3$.
Conclusion : $\dfrac{1}{2}$ et 3 sont les solutions de l'équation.

5 Statistiques - Probabilités

A Statistiques

1. Caractéristiques de position

Notion	Définition
Fréquence d'une valeur	On appelle fréquence d'une valeur, le quotient de l'effectif de cette valeur par l'effectif total. On l'exprime souvent en pourcentage.
Moyenne d'une série statistique	C'est le nombre m réel égal au quotient de la somme de toutes les valeurs de la série statistique par l'effectif total.
Médiane d'une série statistique	C'est la valeur qui partage la série statistique, **rangée par ordre croissant** (ou décroissant), en deux parties de même effectif. Si l'effectif total de la série est un nombre impair, la médiane est une valeur de la série. Sinon, c'est un nombre compris entre deux valeurs de la série. On prend souvent pour médiane la moyenne de ces deux valeurs.

2. Caractéristiques de dispersion

Notion	Définition
Étendue d'une série statistique	C'est la différence entre la plus grande et la plus petite valeur de la série statistique.
Écart moyen d'une série statistique	C'est la moyenne de la série obtenue en prenant les valeurs positives des différences entre chaque valeur de la série statistique et la valeur moyenne de la série.

B Probabilités

Soit E un événement.

- La probabilité de réalisation de E est un nombre $p(E)$ compris entre 0 et 1.

- Si $p(E) = 0$ alors l'événement E est impossible.

- Si $p(E) = 1$ alors l'événement E est certain.

- Quand les résultats d'une expérience ont tous la même probabilité, alors
$p(E) = \dfrac{\text{nombre de résultats favorables}}{\text{nombre de résultats possibles}} = \dfrac{n}{N}.$

- Notons $\bar{E}$ l'événement contraire de E (c'est-à-dire l'événement « non E »), alors $p(E) + p(\bar{E}) = 1$.

6 Fonctions - Pourcentages

A La notion de fonction

● Une fonction est une « machine » qui permet d'associer à un nombre, appelé **antécédent**, un autre nombre unique appelé **image**.

● On note souvent f cette « machine », x l'antécédent et $f(x)$ l'image du nombre x par la fonction f. On écrit alors $f : x \mapsto f(x)$.

Exemple : Si l'on a $f : x \mapsto f(x) = 3x + 1$, alors f est la machine à multiplier par 3 puis à ajouter 1. Si on choisit le nombre -4, alors la fonction f lui associe le nombre -11 car $f(-4) = 3 \times (-4) + 1 = -11$. Le nombre -4 est l'antécédent de -11 et -11 est l'image du nombre -4 par la fonction f.

B Fonction linéaire, fonction affine

● La fonction f qui associe au nombre x le nombre ax, où a est un nombre réel donné, est appelée **fonction linéaire**. On a $f : x \mapsto ax$ ou encore $f(x) = ax$.
Sa représentation graphique est une droite passant par l'origine du repère.
Le nombre a est le **coefficient directeur** de cette droite.

● La fonction f qui associe au nombre x le nombre $ax + b$, où a et b sont des réels donnés, est appelée **fonction affine**. On a $f : x \mapsto ax + b$ ou encore $f(x) = ax + b$.
Sa représentation graphique est une droite. a est le coefficient directeur de la droite et b est l'**ordonnée à l'origine** de la droite.

C Proportionnalité

Soient quatre nombres non nuls a, b, c, d. Les nombres a et b sont respectivement proportionnels aux nombres c et d, si $\dfrac{a}{c} = \dfrac{b}{d}$.

D Pourcentages

● Appliquer une **augmentation** de $n\,\%$ à une quantité Q :
on obtient alors la quantité Q' telle que $Q' = Q\left(1 + \dfrac{n}{100}\right)$.

● Appliquer une **diminution** de $n\,\%$ à une quantité Q :
on obtient alors la quantité Q'' telle que $Q'' = Q\left(1 - \dfrac{n}{100}\right)$.

● Calculer le **pourcentage n d'augmentation** d'une quantité Q devenue Q_1 :
on a $n = \dfrac{Q_1 - Q}{Q} \times 100$.

7 Grandeurs et mesures

A Grandeurs composées

● Une **grandeur composée produit** est une grandeur obtenue en multipliant d'autres grandeurs. Voici quelques grandeurs composées produit :

Grandeur composée	Grandeurs simples	Formule	Unités
Aire $\mathcal{A}$ d'un rectangle	Longueur L, largeur ℓ	$\mathcal{A} = L \times \ell$	Si L et ℓ en m, alors $\mathcal{A}$ en m^2
Volume $\mathcal{V}$ d'un cube	Arête c	$\mathcal{V} = c \times c \times c$	Si c en cm, alors $\mathcal{V}$ en cm^3
Puissance électrique consommée P	Tension U, intensité du courant I	$P = U \times I$	Si U en volts (V) et I en ampères (A), alors P en watts (W)
Énergie électrique E	Puissance P, temps t	$E = P \times t$	Si P en watts (W) et t en h, alors E en wattheures (Wh)

● Une **grandeur composée quotient** est une grandeur obtenue en divisant deux autres grandeurs. Voici quelques grandeurs composées quotient :

Grandeur composée	Grandeurs simples	Formule	Unités
Vitesse moyenne v	Distance d, temps t	$v = \dfrac{d}{t}$	Si d en m et t en s, alors v en m/s ou m $\times$ s^{-1}
Débit D	Volume $\mathcal{V}$, durée t	$D = \dfrac{\mathcal{V}}{t}$	Si $\mathcal{V}$ en m^3 et t en h, alors D en m^3/h ou m$^3 \times$ h^{-1}
Masse volumique ρ	Masse M, volume $\mathcal{V}$	$\rho = \dfrac{M}{\mathcal{V}}$	Si M en kg et $\mathcal{V}$ en m^3, alors ρ en kg/m^3 ou kg $\times$ m^{-3}
Consommation de carburant C	Volume de carburant consommé $\mathcal{V}$, distance parcourue d	$C = \dfrac{\mathcal{V}}{d}$	Si $\mathcal{V}$ en litres (L) et d en km, alors C en L/km ou L $\times$ km^{-1}

B Formules donnant des volumes

● Volume d'une pyramide ou d'un cône dont l'aire de la base est $\mathcal{B}$ et la hauteur h : $\mathcal{V} = \dfrac{1}{3} \times \mathcal{B} \times h$.

● Volume d'un cylindre dont le rayon de la base est r et la hauteur h : $\mathcal{V} = \pi \times r^2 \times h$.

● Volume d'une boule de rayon r : $\mathcal{V} = \dfrac{4}{3} \times \pi \times r^3$.

8 Transformations sur une figure

A Effet d'une translation sur un triangle

- Le triangle A'B'C' est l'image du triangle ABC par la translation qui transforme le point I en le point J. Ces deux triangles sont superposables.

- La translation est un **déplacement**. Elle conserve les distances, les alignements, les angles et les aires.

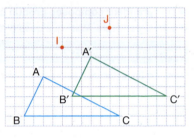

B Effet d'une rotation sur un triangle

- Le triangle A'B'C' est l'image du triangle ABC par la rotation de centre O et d'angle 100°. On a : OA = OA', OB = OB', OC = OC' et $\widehat{AOA'} = \widehat{BOB'} = \widehat{COC'} = 100°$.

- La rotation est un **déplacement**. Elle conserve les distances, les alignements, les angles et les aires.

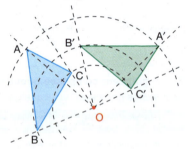

C Effet d'une homothétie sur un triangle

- Le triangle A'B'C' est l'image du triangle ABC par l'homothétie de centre O et de rapport 2 : on a un **agrandissement**.

Le triangle ABC est l'image du triangle A'B'C' par l'homothétie de centre O et de rapport $\frac{1}{2}$: on a une **réduction**.

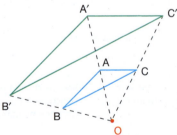

Nous avons donc : $\frac{OA'}{OA} = \frac{OB'}{OB} = \frac{OC'}{OC} = 2$ et $\frac{OA}{OA'} = \frac{OB}{OB'} = \frac{OC}{OC'} = \frac{1}{2}$.

- Lorsque toutes les dimensions d'une figure $\mathcal{F}$ sont multipliées par un même nombre k, on obtient une figure $\mathcal{F}'$. Si $k > 1$, $\mathcal{F}'$ est un agrandissement de $\mathcal{F}$. Si $0 < k < 1$, $\mathcal{F}'$ est une réduction de $\mathcal{F}$.

Les mesures des **côtés** de $\mathcal{F}'$ se déduisent des mesures des côtés de $\mathcal{F}$ en multipliant ces derniers par k.

L'**aire** de $\mathcal{F}'$ se déduit de l'aire de $\mathcal{F}$ en multipliant cette dernière par k^2.

Le **volume** de $\mathcal{F}'$ se déduit du volume de $\mathcal{F}$ en multipliant ce dernier par k^3.

9 Repérage

A Se repérer dans un plan

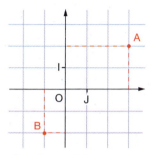

● Un **repère orthogonal** est constitué de deux axes perpendiculaires, les unités étant différentes sur chacun des axes (OI ≠ OJ). Si les unités sont les mêmes sur chaque axe (OI = OJ = 1 unité), alors le repère est **orthonormal**.

● Un point A du plan est repéré par deux nombres relatifs x_A et y_A.

x_A est l'abscisse du point A. L'**abscisse** se lit sur l'axe horizontal.
y_A est l'ordonnée du point A. L'**ordonnée** se lit sur l'axe vertical.
Les **coordonnées** du point A s'écrivent A(x_A ; y_A).
Exemple sur le schéma ci-dessus : A(3 ; 2) et B(−1 ; −2).

B Se repérer dans l'espace

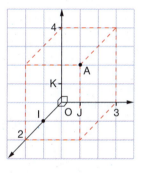

● Un repère orthonormal de l'espace est constitué de trois axes perpendiculaires 2 à 2.

● Un point A de l'espace est repéré par trois nombres relatifs : son **abscisse** x_A, son **ordonnée** y_A et son **altitude** z_A.

Les coordonnées de A s'écrivent A(x_A ; y_A ; z_A).
Exemple sur le schéma ci-contre : A(2 ; 3 ; 4).

C Se repérer sur une sphère

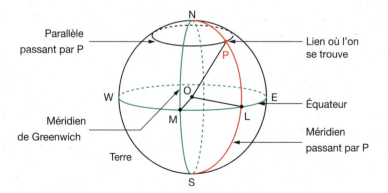

L'angle $\widehat{LOP}$ représente la latitude de P et $\widehat{MOL}$ représente la longitude de P.

Triangle et parallélogramme

A Le triangle

- La somme des mesures des trois angles d'un triangle est égale à 180°.

- La mesure d'un côté d'un triangle est toujours inférieure ou égale à la somme des mesures des deux autres côtés.

- Cas d'égalité des triangles :

Si 2 triangles ont un angle égal compris entre deux côtés respectivement égaux, alors ils sont égaux.		AB = DF AC = DE $\widehat{BAC} = \widehat{EDF}$
Si 2 triangles ont un côté égal compris entre deux angles respectivement égaux, alors ils sont égaux.		BC = EF $\widehat{ABC} = \widehat{DFE}$ $\widehat{ACB} = \widehat{DEF}$
Si 2 triangles ont leurs trois côtés respectivement égaux, alors ils sont égaux.		AB = DF AC = DE BC = EF

- Si deux triangles ont leurs trois angles respectivement égaux, alors ils sont **semblables**.

Le triangle ADE est une réduction du triangle ABC dans le rapport $\dfrac{AD}{AB}$.

Le triangle ABC est un agrandissement du triangle ADE dans le rapport $\dfrac{AB}{AD}$.

- Trigonométrie dans le triangle rectangle

$\sin \widehat{ABC} = \dfrac{AC}{BC} = \dfrac{\text{côté opposé}}{\text{hypoténuse}}$

$\cos \widehat{ABC} = \dfrac{AB}{BC} = \dfrac{\text{côté adjacent}}{\text{hypoténuse}}$

$\tan \widehat{ABC} = \dfrac{AC}{AB} = \dfrac{\text{côté opposé}}{\text{côté adjacent}}$

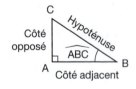

B Le parallélogramme

Dans un parallélogramme :
– les côtés opposés sont parallèles deux à deux ;
– les côtés opposés sont égaux deux à deux ;
– les diagonales se coupent en leur milieu.

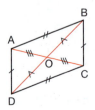

11 Pythagore et Thalès

A Théorème de Pythagore

● Théorème direct : si un triangle ABC est rectangle en A, alors $BC^2 = AB^2 + AC^2$.

● Réciproque : si un triangle ABC est tel que $BC^2 = AB^2 + AC^2$, alors ce triangle est rectangle en A.

B Théorème de Thalès

Théorème direct

● Soient deux droites $(\mathcal{D})$ et $(\mathcal{D}')$ sécantes en A.
● Soient B et M deux points de $(\mathcal{D})$, distincts de A.
● Soient C et N deux points de $(\mathcal{D}')$ distincts de A.
● Les points A, B et M sont dans le même ordre que les points A, C et N.

Si les droites (BC) et (MN) sont parallèles, alors : $\dfrac{AM}{AB} = \dfrac{AN}{AC} = \dfrac{MN}{BC}$

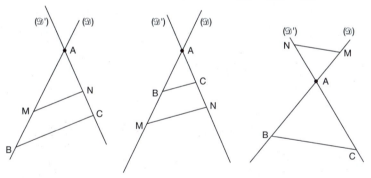

Réciproque

● Soient deux droites $(\mathcal{D})$ et $(\mathcal{D}')$ sécantes en A.
● Soient B et M deux points de $(\mathcal{D})$, distincts de A.
● Soient C et N deux points de $(\mathcal{D}')$ distincts de A.

Si les points A, B, et M d'une part et les points A, C, et N d'autre part sont dans le même ordre et si $\dfrac{AM}{AB} = \dfrac{AN}{AC}$, alors les droites (BC) et (MN) sont parallèles.

12 Algorithmique et programmation

A Algorithme

● Le mot algorithme vient du nom du mathématicien Al-Khawarizmi (VIIIe-IXe siècle après J.-C.).

● Un algorithme est une suite ordonnée d'instructions à exécuter pour résoudre un problème donné.

Exemples : appliquer une recette de cuisine ; suivre un itinéraire donné par un GPS ; construire une figure géométrique.

B Programme

● Un programme est une suite ordonnée d'instructions, un algorithme, qu'un ordinateur comprend et peut donc réaliser.

● Comme un algorithme, un programme peut être décomposé en trois parties : l'entrée des données, le traitement des données, la sortie des résultats.

Variables

● Les variables portent un nom et peuvent stocker des nombres, des mots, des phrases…

● La variable spéciale `réponse` contient ce qui est saisi par l'utilisateur.

Tests

● Les tests permettent de n'effectuer une instruction – ou un groupe d'instructions – que si une condition est remplie.

● Les conditions sont par exemple des comparaisons de variables du type : `< ` `= ` `> ` que l'on peut regrouper avec « et » et « ou ».

● On peut ajouter une instruction à effectuer si la condition n'est pas vérifiée.

Boucles

● Une boucle permet de faire répéter un groupe d'instructions. Il en existe plusieurs types :
– boucle avec compteur : pour *i* allant de 1 à *n* faire *instructions*.
– boucle « tant que » : tant que *condition* est vraie faire *instructions*.
– boucle « jusqu'à » : faire *instructions* jusqu'à ce que *condition* soit vraie.

Bescherelle
Tout pour réussir au collège !

Règles

Exemples visuels

Quiz

Exercices corrigés

+ 100 CARTES MENTALES

Nouveau

Nouveau

Hatier

Bescherelle
Tout pour réussir au collège !

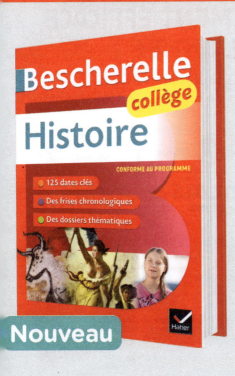

Dates clés

Frises chronologiques

Dossiers thématiques

Nouveau

Nouveau

UN ENTRAINEMENT EFFICACE, TOUTE L'ANNÉE !

Des cahiers dans toutes les matières
qui permettent aux élèves de progresser à leur rythme.

- ✓ Toutes les leçons
- ✓ Des exercices progressifs
- ✓ Des conseils de méthode
- ⊕ **DES CARTES MENTALES**
- = La clé de la réussite

Existe aussi en Dictées, en Rédaction, en Espagnol, en Allemand...